1   Ernährung bei Darmkrebs

Diese Empfehlungen bitte immer mit Ernährungsberater/in, Arzt oder Diätologen/in absprechen! Die Rezepte und Zutatenlisten unterstützen die medizinischen Therapien.

Die Kalorienangaben frischer Zutaten (Obst und Gemüse) und die Inhaltsstoffe schwanken je nach Qualität und Erntezeit. Die Inhalte wurden von einer Diätologin und einer Ernährungsberaterin für die Traditionelle Chinesische Medizin (TCM) geprüft.

Autor:
© 2022 Josef Miligui
Liebe Leserinnen und Leser, ich wünsche Ihnen viel Erfolg und gutes Gelingen bei der Umstellung Ihrer Ernährung. Dieses Buch wurde aus eigener Erfahrung mit Krankheit und Ernährung geschrieben und ich habe schon immer das Zubereiten guter Speisen geschätzt. Wenn Sie nicht so geübt sind im Kochen, empfiehlt sich ein Kurs bei Ernährungsberatern oder Diätologen, die Ihnen die Grundlagen der Kochmethoden sowie die richtige Verarbeitung der Zutaten vermitteln können. Anhand der Lebensmittellisten aus diesem Buch können Sie weitere Rezepte entwickeln und entdecken.

Quelle:
Die Listen werden aus der EBNS-Datenbank für die Ernährungsberatung generiert. Die Datenbank wird von Ernährungsberater, Therapeuten und Ärzte für die Beratung der Patienten/Klienten verwendet und ermöglicht eine Kombination mehrerer Syndrome.

Literaturliste:
Wir haben die Unterlagen als Wissensbasis genutzt und an unsere Erfahrungen angepasst und ergänzt.
www.ebns.at

Herstellung und Verlag:
BoD – Books on Demand, Norderstedt
ISBN: 9783739233475

Krebs-Therapieunterstützung - Ernährung bei Darmkrebs
(Buch: 104)

1.1 Vorwort

Krebs bezeichnet in der Medizin die unkontrollierte Vermehrung und das wuchernde Wachstum von Zellen, d. h. eine bösartige Gewebeneubildung (maligne Neoplasie) bzw. einen malignen (bösartigen) Tumor (Krebsgeschwulst, Malignom). Bösartig bedeutet, dass neben der Zellwucherung auch Absiedelung (Metastasierung) und Invasion in gesundes Gewebe stattfindet. Im engeren Sinn sind die malignen epithelialen Tumoren (Karzinome), dann auch die malignen mesenchymalen Tumoren (Sarkome) gemeint. Im weiteren Sinne werden auch die bösartigen Hämoblastosen als Krebs bezeichnet, wie beispielsweise Leukämie als „Blutkrebs".

So lautet die Definition von Krebs laut Wikipedia (Stand 29.11.2021). Die Ernährung, kommt allerdings höchstens mal im Nebensatz vor. Ja, der Artikel geht so weit ins holistische, dass auch Umweltgifte und der Lebensstil genannt werden, das rechne ich ihm hoch an. Insgesamt spiegelt der Artikel meiner Erfahrung nach ganz gut das Wissen der meisten Ärzt:innen wieder: Krebs ist mehr oder weniger isoliertes Problem am jeweiligen Organ, der sich durch unkontrollierte Vermehrung allerdings ausdehnen und streuen kann. Krebs passiert eher zufällig, wobei ein paar Faktoren schon auch irgendwie eine Rolle zu haben scheinen. Aber reden wir lieber über die konkrete Behandlung.

Und das führt uns zu folgendem Problem: Patient:innen fallen in eine sehr passive Rolle des Krebsträgers, der Krebsträgerin. Sie legen all ihr Vertrauen in die Schulmedizin und die behandelnden Ärzt:innen. Doch was sie selbst aktiv als Krebsprävention oder zur Krebstherapie beitragen können, das wird ihnen leider in vielen Fällen nicht gesagt, weil die eigene Lebensgestaltung - so die allgemeine Meinung - ja sowieso nur eine Nebenrolle spielt.

Und das, obwohl sogar die Weltgesundheitsorganisation (WHO) davon spricht, dass bis zu 80 % der Krebserkrankungen durch äußere Faktoren wie Ernährung, Lebensstil, Umweltgifte und dergleichen beeinflusst werden.

Welche Faktoren also jeder einzelne von uns aktiv beeinflussen kann und somit seine Chancen auf Krebsfreiheit bzw. allgemein Gesundheit erhöhen kann, darum geht es auf den folgenden Seiten.

Nach Dr. Veronique Desaulniers ist Krebs (und jede andere Krankheit auch) lediglich ein Symptom. Sie sagt "Krebs kann ich einem gesunden Körper nicht bestehen". Sie teilt die vielen Einflussfaktoren auf 7 Gruppen auf, die sich auch mit den Studien und Erfahrungen anderer namhafter Experten wie Johannes Coy, David Servan-Schreiber uvm. decken.

Der Fokus in diesem Buch liegt auf dem Faktor mit der größten Hebelwirkung - der Ernährung.

Schon Hippokrates hat einst gesagt "Lass die Nahrung deine Medizin sein und Medizin deine Nahrung!"
Kräuterpädagog:innen heute sagen so: "Es gibt für jede Krankheit das richtige Kraut."

Egal wie wir es drehen und wenden, wir sind was wir essen (und was unser Essen gegessen hat). Der moderne Mensch sieht sich gerne isoliert von seiner Umwelt. Als mächtig und erhaben. Wir entstehen aus unserer Umwelt, wir leben inmitten von ihr und wenn wir sterben gehen wir wieder in unsere Umwelt über. Während wir leben essen wir das, was in unserer Umwelt wächst (oder in Fabriken chemisch erzeugt wird). Diese Nahrung liefert die Energie und Bausteine, für den eigenen Körper, für den Stoffwechsel, Zellerneuerung, den Hormonhaushalt und damit für unser gesamtes Sein, die Gesundheit und unser Empfinden.

Wenn jetzt also Expert:innen immer noch der Meinung sind, dass Ernährung bei Krebs eine untergeordnete Rolle spiele, dann stellt sich die Frage, woraus diesen Expert:innen zufolge wir bestehen.

Allerdings - so ehrlich muss dann auch sein - gibt es auch unter den Expert:innen, die der Ernährung den hohen Stellenwert beimessen, die sie verdient, verschiedene Meinungen über die optimale Anti-Krebs-Ernährung. Fragen Sie 10 Leute, bekommen Sie 10 Meinungen.

Deshalb hier ein paar Grundbausteine, bevor in dem Buch noch näher auf Ernährungsfaktoren eingegangen wird, die sozusagen der kleinste gemeinsame Nenner der meisten Ernährungsphilosophien sind:

- Saisonalität
  - Winterpflanzen, wie zum Beispiel verschiedene Kohlgewächse, versorgen uns mit Unmengen von Vitamin C und Bitterstoffen. Zwei Faktoren, die unser Immunsystem bei der Abwehr von der Kälte und den typischen Infekten in der Winterzeit unterstützen.
  - Sommerpflanzen wie zum Beispiel Gurken, Tomaten aber auch Zitrusfrüchte kühlen unseren aufgeheizten Körper und versorgen uns mit viel Wasser.
  - Außerdem müssen bei saisonalen Pflanzen weniger chemische Helferlein eingesetzt werden, da die passenden Umweltfaktoren das Wachstum sowieso fördern.
- Regionalität
  - Damit einher geht auch der Faktor der Regionalität. Regionale pflanzliche Lebensmittel werden reif geerntet und haben somit alle Nährstoffe entwickeln können. Im Gegensatz dazu wird Obst und Gemüse aus ferneren Ländern unreif geerntet und nur durch den Einsatz von chemischen Mitteln unnatürlich "nachgereift" - bzw. nur nach-gefärbt. Die Dichte der Nährstoffe und auch der Geschmack kann dabei niemals mit regionalen Lebensmitteln mithalten. (Sie haben es vielleicht schon selber erlebt, dass eine Südfrucht aus dem jeweiligen Ursprungsland dort im Urlaub viel süßer und vollmundiger schmeckt als die gleiche Frucht aus dem zentraleuropäischen Supermarkt).
- Pflanzenbasierte Ernährung
  - Ja, diese Basis teilen selbst die Anhänger der Fleischdiät mit den Veganern. Denn bei der Fleischdiät geht es auch um Fleisch von Tieren, die sich artgerecht, sprich von vielen Gräsern und Kräutern ernährt haben. Die Masse an Getreide in der heutigen Ernährung - egal ob bei Mensch oder Tier - entspricht nicht der natürlichen Ernährungsweise. Sie macht uns krank, dick und manche behaupten sogar dumm (das weist auf die Schädigung der neuronalen Netzwerke hin, die durch den Konsum von Kohlenhydraten passiert hin). Pflanzen im Sinne von Gemüse, Kräutern, Salaten, Sprossen, in geringen Mengen Obst, Nüsse, Samen, etc. liefern neben den viel beschriebenen

Vitaminen und Mineralstoffen vor allem sekundäre Pflanzenstoffe, die herausragende Heilwirkung haben. So werden eine Vielzahl unserer Medikamente auf Basis der natürlich vorkommenden Pflanzenstoffe nachgebaut. Allerdings sind da diverse Säuren und andere Wirkstoffe extrahiert und wirken nur alleine - mit den Pflanzen selbst nehmen wir sie in einer reichhaltigen und sich gegenseitig verstärkenden Kombination vielerlei wirksamer Stoffe zu uns.

Ja zusätzlich zu diesen 3 großen Punkten gibt es immer noch sehr viel zu beachten. Ein optimales Verhältnis von Omega 3 zu Omega 6 Fettsäuren (empfohlen wird 1:3), eine individuell und situationsbedingte Eiweißversorgung und so weiter.

Eine ganz gute und einfache Richtlinie für die alltägliche Ernährung bietet der ideale Teller. Der sieht so aus, dass möglichst jede Mahlzeit zur Hälfte aus pflanzlichen Bestandteilen besteht, ein Viertel der Eiweißversorgung dient und ein Viertel die Mahlzeit durch gute Fette und eventuell Kohlenhydrate abrundet.

Die Feinjustierung rund um die Zubereitungsarten, die Zusammenstellungen und so weiter sehe ich als sehr individuell an. Es gibt meines Erachtens nicht die 1 perfekte Ernährung bei Krebs. Es gibt so viele großartige Philosophien und Studien, die alle wunderbare Heilungen berichten und sich dabei aber gegenseitig ausschließen. Was auf den ersten Blick vielleicht paradox wirkt, eröffnet bei näherer Betrachtung ganz viele Möglichkeiten des Probierens und neuer Chancen.

Neben der Ernährung werden noch folgende Faktoren genannt:
- die Giftstoffbelastung in unserer Umwelt sowie in Pflegeprodukten oder eben in der Ernährung
- eine Balance aus Aktivität, (kurzzeitigem) Stress und der Entspannung wie auch Schlaf
- Aufarbeitung der emotionalen Wunden aus der Vergangenheit und Steigerung der Resilienz
- Biologische Zahnheilkunde
- eine optimierte Versorgung durch Heilkräuter, Heilpilze udgl.
- Früherkennung durch bewährte und schonende Verfahren

1.2 Beschreibung

Unter der Bezeichnung Darmkrebs werden all diejenigen Krebserkrankungen oder kolorektale Karzinome geführt, die im Verlauf des Darms, vom Dickdarm bis hin zum After, auftreten können. Vor allem Menschen mit Übergewicht und Bewegungsmangel gehören zur Risikogruppe derer, die eine höhere Wahrscheinlichkeit haben, an Krebs zu erkranken. Auch Ernährungsfehler sowie hoher Alkoholgenuss gehören zu den Faktoren, die das Risiko, an Darmkrebs zu erkranken, erhöhen. Eine regelmäßige Krebsvorsorge ist daher vor allem für Menschen dieser Risikogruppen sehr wichtig.

Blut im Stuhl ist ein erstes Warnzeichen für ein Karzinom, so dass eine Untersuchung hier einen sicheren Aufschluss gibt. Als weitere Diagnoseverfahren steht das Koloskopie-Screening (Darmspiegelung) zur Verfügung. Die ersten Warnzeichen, die auf eine Darmkrebserkrankung hindeuten können, sind Blähungen und Verdauungsstörungen. Wird das Karzinom größer, so leidet die Verdauung und es kommt zu vermehrten Verstopfungen.

1.3 Therapiestrategie

Ausreichende Ballaststoffzufuhr, ausreichende Aufnahme an Trinkflüssigkeit, am besten Wasser, viel Bewegung. Gemüse und Vollkornprodukte sollten in größeren Mengen verzehrt werden und zum Hauptbestandteil der Ernährung werden. Fisch und Geflügel sollten gegenüber rotem Fleisch bevorzugt werden. Der Alkoholkonsum sollte die Menge von 20 g/Tag nicht übersteigen.

1.4 Vermeiden

Viel Fett, ballaststoffarme Lebensmittel, hoher Fleischkonsum, hohe Calciumzufuhr (Hartkäse, Parmesan, Emmentaler, Gouda, Edamer, Gorgonzola,...) Sojaprodukte in großen Mengen, rotes Fleisch.

2 Speiseplan

2.1 Frühstück

2.2 Jause

2.3 Mittag

2.4 Nachmittag

2.5 Abend

3 Rezepte

empfehlenswert = Sie können mehr verwenden
wenig = wenn möglich weniger verwenden
weniger als angegeben = möglichst nicht verwenden

3.1 Antipasti

Fördert Durchblutung, lindert Entzündungen und Schmerzen, harntreibend, senkt Blutdruck, antioxidativ, antibakteriell, regt Kreislauf an. Hilft bei: Appetitlosigkeit, Magen- und Verdauungsschwäche, Blähungen.

Anzahl Portionen: 3
Kalorien p. Portion 100
Gramm p. Portion 246,83
Kochdauer ca. 40 min.
(Kohlehydrat:53,79% / Eiweiß & Fett:46,21%)
100g.≈ Eiweiß 2,75g. Fett:5,61g.
µg. - Ph:7,93 Na:1,08 Ka:67,5 Mg:5,14 Ca:7,21 Fe:0,24 Zn:0,03 Col.:0 Hsr.:5,8

Zutaten:
Peperoni 1 Stück / 5g. (wenig)
Zitrone Saft 1 EL / 10g. (ja)
Aubergine 1 Stück / 300g. (empfehlenswert)
Tomate 4 Stück / 200g. (empfehlenswert)
Zucchini 200 g. / 200g. (empfehlenswert)
Zitrone Schale 1/2 Stück / 3g. (ja)
Olivenöl 1 EL / 15g. (ja)
Basilikum (frisch) 8 Blätter / 5g. (empfehlenswert)
Salz 1 Prise / 0,5g. (wenig)
Koriander 1/2 TL / 2g. (empfehlenswert)

Kochanleitung:
Peperoni im Ofen bei 250 Grad backen, bis die Schale dunkel wird (ca. 20 Min.). Die Peperoni abdecken und auskühlen lassen, häuten und in ca. 2 cm breite Streifen schneiden. Tomaten halbieren und gemeinsam mit den in Scheiben geschnittenen Auberginen mit Öl bestreichen und im Ofen bei 200 Grad goldbraun backen (ca. 10 Min.).
Zucchinischeiben in Grillpfanne (ohne Fett) anbraten. Alles zusammen anrichten, die Marinade aus Olivenöl, Salz und Zitronenschale mischen und über das Gemüse gießen. Mit Koriander bestreuen und 1 Std. ziehen lassen.

3.2 Apfel-Bananen-Creme

Reguliert Magen-Darm-Funktion, liefert Vitamin C, cholesterinsenkend, entzündungshemmend, harntreibend, fördert Durchblutung.

Anzahl Portionen: 4
Kalorien p. Portion 110
Gramm p. Portion   206,25
Kochdauer ca.   15 Min.
(Kohlehydrat:94,44% / Eiweiß & Fett:5,56%)
100g.≈ Eiweiß 0,84g. Fett:0,51g.
µg. - Ph:3,01 Na:0,49 Ka:38,02 Mg:2,73 Ca:2,25 Fe:0,1 Zn:0,01 Col.:0 Hsr.:3,19

Zutaten:

Apfel (sauer) 400 g. / 400g. (empfehlenswert)
Wasser 200 ml. / 200g. (ja)
Orange Schale 1/4 Stück / 5g. (ja)
Zitrone Schale 1/2 Stück / 2g. (ja)
Zucker braun 2 TL / 6g. (wenig)
Zimtstange 1 Stück / 0g. (empfehlenswert)
Banane 1 Stück / 150g. (empfehlenswert)
Acerola Fruchtnektar oder Pulver 1 TL / 2g. (empfehlenswert)
Orangensaft 1/2 Stück / 50g. (empfehlenswert)
Zitrone Saft 1 EL / 10g. (ja)

Kochanleitung:

Apfel in feine Spalten schneiden, mit Wasser, Orangen- und Zitronenschale, Zucker und Zimt zum Kochen bringen und ca. 7 Min. köcheln lassen. Die Äpfel sollen fast weich sein. Acerola zufügen und Zimtstange entfernen. Mit dem Mixstab Apfel, Banane, Orangen- und Zitronensaft fein pürieren.

3.3 Aprikosen-Hafer-Kugeln mit Acaipulver

Stärkt Abwehrkraft, leicht abführend, antioxidativ.

Anzahl Portionen: 2
Kalorien p. Portion 768
Gramm p. Portion   191
Kochdauer ca.   20 Min.
Allergene: AHO
(Kohlehydrat:60,93% / Eiweiß & Fett:39,07%)
100g.≈ Eiweiß 20,58g. Fett:33,69g.
µg. - Ph:143,33 Na:3,91 Ka:439,01 Mg:61,58 Ca:58,13 Fe:1,94 Zn:0,58 Col.:0 Hsr.:49,16

Zutaten:

Hafer Flocken (Vollkorn) 125 g. / 125g. (ja)
Aprikose getrocknet 125 g. / 125g. (ja)

Mandeln 100 g. / 100g. (ja)
Honig 2 EL / 14g. (ja)
Acaipulver 3 TL / 9g. (empfehlenswert)
Zitrone Saft 3 EL / 9g. (ja)

Kochanleitung:
Die gehobelten Mandeln in der Pfanne leicht rösten und abkühlen
lassen. Anschließend die Aprikosen im Mixer pürieren und Zitronensaft
zufügen. Alle Zutaten miteinander verkneten. Ist die Masse zu locker,
geben Sie noch etwas Honig hinzu. Schließlich zu kleinen Kugeln
formen und in Haferflocken wälzen.

3.4 Artischockensuppe

Fördert Appetit, entgiftet, reguliert die Verdauung, nährt Blut, erweitert
Blutgefäße, sanftes Abführmittel, fördert Gewichtsabnahme, stärkt
Magen-Darm-Funktion, bakterizid, beugt Krebs vor, harntreibend.

Anzahl Portionen: 3
Kalorien p. Portion 143
Gramm p. Portion 243,67
Kochdauer ca. 40 min.
Allergene: GLN
(Kohlehydrat:60,32% / Eiweiß & Fett:39,68%)
100g.≈ Eiweiß 3,3g. Fett:10,01g.
µg. - Ph:18,58 Na:43,88 Ka:39,61 Mg:18,21 Ca:61,23 Fe:0,29 Zn:0,03 Col.:0,73
Hsr.:11,24

Zutaten:
Artischocke 4 Stück / 400g. (empfehlenswert)
Butter Bio 1 EL / 20g. (ja)
Zwiebel Schalotte 1 Stück / 20g. (wenig)
Mais Mehl (Maizena) 1 EL / 10g. (ja)
Muskatnuss 1 Prise / 0,5g. (empfehlenswert)
Grundrezept für eine Gemüsebrühe nahrhaft 1/4 Liter / 250g.
(empfehlenswert)
Salz 1 Prise / 0,5g. (wenig)
Zitrone 1/4 Stück / 8g. (ja)
Zitrone Schale 1/4 Stück / 1g. (ja)
Kurkuma (Gelbwurz) 1 Prise / 1g. (empfehlenswert)
Sesam Paste (Tahini) 1 EL / 10g. (wenig)
Sesam, Weißer 1 TL / 10g. (ja)

Kochanleitung:
Artischocken in gut 2 l gesalzenem Wasser kochen, bis die
Außenblätter leicht abgehen. Blätter und faserige Blütenmitte entfernen,
so dass nur der Boden übrigbleibt. Butter zerlassen, Zwiebel klein
schneiden und leicht andünsten. Etwas Maismehl und Muskat zugeben
und mit Gemüsebrühe aufgießen. Salz, etwas Zitronenschale und -saft,
Kurkuma und Artischockenböden hinzufügen, weich kochen und
pürieren. Am Ende mit Tahin abschmecken und vor dem Servieren mit
Sesam bestreuen.

3.5 Astronautenkost

Eiweißreiche Trinknahrung mit sehr hoher Energiedichte. Optimierter
Eiweißanteil gleicht Stickstoffverluste aus und fördert die
Proteinanabolie.
Anzahl Portionen: 1
Kalorien p. Portion 1.045
Gramm p. Portion   250
Kochdauer ca.   5 Min.
Allergene:
(Kohlehydrat:39,13% / Eiweiß & Fett:60,87%)
100g.≈ Eiweiß 115g. Fett:25g.
µg. - Ph:900 Na:290 Ka:1070 Mg:0 Ca:0 Fe:0 Zn:0 Col.:0 Hsr.:0

Zutaten:
Astronautenkost 1 Paket / 250g. (ja)

Kochanleitung:
Nur nach Anweisung des Arztes oder Therapeuten verwenden.

3.6 Aubergine mit Olivenöl und Kurkuma

Fördert Durchblutung, lindert Entzündung und Schmerzen, fördert
Verdauung, hilft Fett zu verdauen, ist harntreibend, senkt Blutdruck.
Anzahl Portionen: 2
Kalorien p. Portion 432
Gramm p. Portion   321,5
Kochdauer ca.   30 Min.
Allergene: A
(Kohlehydrat:47,45% / Eiweiß & Fett:52,55%)
100g.≈ Eiweiß 6,14g. Fett:30,66g.
µg. - Ph:12,28 Na:20,77 Ka:85,6 Mg:5,48 Ca:7,09 Fe:0,18 Zn:0,05 Col.:0,02 Hsr.:9,67

Zutaten:
Aubergine 2 Stück / 300g. (empfehlenswert)
Olivenöl 4 EL / 60g. (ja)
Tomate 4 Stück / 200g. (empfehlenswert)
Kurkuma (Gelbwurz) 1/2 TL / 1g. (empfehlenswert)
Kümmel 1 Prise / 1g. (ja)
Salz 1 Prise / 1g. (wenig)
Weißbrot (Weizenbrot) 4 Scheiben / 80g. (wenig)

Kochanleitung:
Aubergine in Scheiben schneiden und mit halbierten Tomaten auf
einem Backblech ausbreiten. Mit Olivenöl beträufeln und mit Kurkuma,
Kümmel und Salz würzen. Im Ofen 20 Min. backen. Mit dem Weißbrot
servieren.

3.7 Avocado mit Zitrone

Gut bei Schlafstörungen, Entzündungen, Schwellungen, Schmerzen
und Juckreiz, beruhigend.
Anzahl Portionen: 1
Kalorien p. Portion 290
Gramm p. Portion 131
Kochdauer ca. 5 Min.
Allergene:
(Kohlehydrat:16,54% / Eiweiß & Fett:83,46%)
100g.≈ Eiweiß 2,34g. Fett:28,24g.
µg. - Ph:37,02 Na:5,87 Ka:469,27 Mg:29,31 Ca:11,83 Fe:0,59 Zn:0,38 Col.:0 Hsr.:29,01

Zutaten:
Avocado 1/2 Stück / 120g. (empfehlenswert)
Zitrone Saft 1/2 Stück / 10g. (ja)
Salz 1 Prise / 1g. (wenig)

Kochanleitung:
Avocado halbieren, Kern entfernen, Zitronensaft hineingießen, salzen
und auslöffeln.

3.8 Basmatireis + Zucchini-Tofupfanne

Harntreibend, harmonisiert Milz und Magen, lindert Blähungen. Gut bei Übergewicht und Bluthochdruck. Antioxidativ, fördert Verdauung, entgiftet, stärkt Säfteproduktion, treibt Schweiß, reduziert Blutfett, stärkt Magen.

Anzahl Portionen: 4
Kalorien p. Portion 146
Gramm p. Portion   306,75
Kochdauer ca.   20 min.
Allergene: E
(Kohlehydrat:56,62% / Eiweiß & Fett:43,38%)
100g.≈ Eiweiß 7,95g. Fett:4,89g.
µg. - Ph:13,21 Na:0,7 Ka:33,77 Mg:10,99 Ca:11,98 Fe:0,34 Zn:0,02 Col.:0 Hsr.:7,75

Zutaten:
Soja Tofu 250 g. / 250g. (wenig)
Olivenöl 2 EL / 6g. (ja)
Koriander 1/2 TL / 4g. (empfehlenswert)
Ingwer frisch 1/2 TL / 4g. (empfehlenswert)
Reis Basmatireis 1/2 Tasse / 60g. (ja)
Wasser 3 Tassen / 200g. (ja)
Zucchini 1 Stück / 700g. (empfehlenswert)

Kochanleitung:
Tofu würfelig schneiden und mit Olivenöl, Tamari, zerstoßenem Koriander und Ingwer marinieren und mindestens 1 Std. ziehen lassen. Basmatireis im Wasser kochen und evtl. mit Zwiebel und Kardamom würzen. Zucchini und Tofu in einer Pfanne in heißem Öl ca. 5-7 Min. rösten und auf Tellern getrennt vom Reis anrichten. Petersilie drüberstreuen. Kann auch kalt als Salat für zuhause oder unterwegs verwendet werden.

3.9 Belugalinseneintopf mit Gemüse

Fördert Schwitzen, löst Stagnation, lindert Verstopfung, fördert Verdauung, produziert Muttermilch, regt Nerven an, entgiftet, lindert Entzündungen, verbessert Durchblutung, stärkt Herz und Nieren, harntreibend, beruhigt den Magen.

Anzahl Portionen: 5
Kalorien p. Portion 202
Gramm p. Portion   361,64
Kochdauer ca.   20 min.
(Kohlehydrat:50,85% / Eiweiß & Fett:49,15%)
100g.≈ Eiweiß 5,72g. Fett:8,35g.
µg. - Ph:7,14 Na:11,6 Ka:38,6 Mg:4,01 Ca:9,32 Fe:0,2 Zn:0,01 Col.:0,02 Hsr.:8,3

Zutaten:
Linsen (Helmbohnen) 2 Tassen / 240g. (wenig)
Wasser 4-5 Tassen / 500g. (ja)
Karotte (Mohrrübe, Möhre) 3 Stück / 150g. (empfehlenswert)
Lauch (Porree) 1 Stück / 300g. (wenig)
Kohlrabi 1/2 Stück / 200g. (empfehlenswert)
Tomate 2 Stück / 80g. (empfehlenswert)
Zwiebel weiss 1 Stück / 50g. (wenig)
Lorbeerblatt 2 Blatt / 1g. (empfehlenswert)
Fenchel 1 Stück / 250g. (empfehlenswert)
Sternanis 2 Stück / 1g. (ja)
Wacholderbeere 6 Stück / 2g. (ja)
Chili (Schote oder gemahlen) 1 Prise / 0,2g. (wenig)
Olivenöl 3 EL / 30g. (ja)
Salz 1 Prise / 1g. (wenig)
Ingwer frisch 1/2 TL / 2g. (empfehlenswert)
Schwarzkümmel 1 Prise / 1g. (ja)

Kochanleitung:
Die kleingeschnittene Zwiebel in einem Topf in Öl anbraten.
Gewürfeltes Gemüse, Gewürze, Linsen (gut gewaschen) und Salz
zugeben. Mit kaltem Wasser ausreichend (3 fingerbreit) bedeckt 20
Min. auf kleiner Stufe kochen. Mit frischen Kräutern und
Schwarzkümmel bestreut servieren. Passt sehr gut zu Reis!

3.10 Birnensaft

Fördert Verdauung, harntreibend.
Anzahl Portionen: 2
Kalorien p. Portion 180
Gramm p. Portion   300
Kochdauer ca.   5 min.
(Kohlehydrat:93,06% / Eiweiß & Fett:6,94%)
100g.≈ Eiweiß 1,8g. Fett:1,2g.
µg. - Ph:7,5 Na:1 Ka:62,5 Mg:3,5 Ca:4,5 Fe:0,15 Zn:0,05 Col.:0 Hsr.:7,5

Zutaten:
Birne 3 Stück / 600g. (empfehlenswert)

Kochanleitung:
Bio-Birnen mit Schale (Vitamine sind vor allem unter der Schale)
vierteln, entkernen und in der Saftpresse entsaften.

3.11 Blitzschnelle Zucchinisuppe

Harntreibend, stärkt Magen-Darm-Funktion, erweitert Blutgefäße, bakterizid, beugt Krebs vor, beugt Krankheiten vor (bei älteren Menschen), regt Leberfunktion an, entgiftet.

Anzahl Portionen: 4
Kalorien p. Portion 42
Gramm p. Portion   241,5
Kochdauer ca.   10 min
(Kohlehydrat:46,03% / Eiweiß & Fett:53,97%)
100g.≈ Eiweiß 1,77g. Fett:2,05g.
µg. - Ph:3,81 Na:0,41 Ka:29,78 Mg:3,2 Ca:5,37 Fe:0,22 Zn:0,01 Col.:0 Hsr.:2,85

Zutaten:
Zucchini 2-3 Stück / 500g. (empfehlenswert)
Zwiebel weiss 1 Stück / 50g. (wenig)
Maiskeimöl 2 EL / 6g. (ja)
Petersilie 1 EL / 7g. (empfehlenswert)
Lauchzwiebel Schnittlauch 1 TL / 3g. (ja)
Wasser 1/2 Liter / 400g. (ja)

Kochanleitung:
Gehackte Zwiebel in Öl andünsten. In Scheiben geschnittene Zucchini zufügen und gut andünsten. Mit Wasser aufgießen. Petersilie und Schnittlauch grob gehackt zufügen und alles pürieren.

3.12 Brokkolicrèmesuppe

Gegen Thrombose, fördert Schilddrüsenfunktion, stärkt das Immunsystem, fördert Aufbau und Erhalt von gesunden Knochen, Zähnen, Haaren und Nägeln. Senkt Blutdruck, bakterizid, beugt Krebs vor, reduziert Strahlenverletzungen.

Anzahl Portionen: 6
Kalorien p. Portion 98
Gramm p. Portion   251,25
Kochdauer ca.   30 min.
Allergene: LO
(Kohlehydrat:78,7% / Eiweiß & Fett:21,3%)
100g.≈ Eiweiß 4,18g. Fett:1,91g.
µg. - Ph:6,81 Na:2,68 Ka:26,22 Mg:8,36 Ca:32,5 Fe:0,16 Zn:0,01 Col.:0 Hsr.:2,7

Zutaten:
Olivenöl 2-3 EL / 7g. (ja)
Brokkoli 500 g. / 500g. (empfehlenswert)
Karotte (Mohrrübe, Möhre) 2 Stück / 150g. (empfehlenswert)
Kartoffel 2 Stück / 120g. (empfehlenswert)
Zwiebel weiss 1 Stück / 50g. (wenig)

Wasser 1 Tasse / 50g. (ja)
Grundrezept für eine Gemüsebrühe nahrhaft 1/2 Liter / 500g.
(empfehlenswert)
Weißwein 1/8 Liter / 125g. (wenig)
Salbei 1 TL / 2g. (ja)
Rosmarin 1 TL / 2g. (ja)
Pfeffer gemahlen 1 Prise / 0,5g. ()
Salz 1 Prise / 1g. (wenig)

Kochanleitung:
Olivenöl in die Pfanne geben, den gewaschenen und in Stücke
geschnittenen Brokkoli, gewürfelte Karotten und Kartoffeln zugeben,
kurz andünsten, klein geschnittene Zwiebel zufügen und alles
mindestens drei fingerbreit mit Wasser auffüllen. Mit Brühe und ganz
wenig Weißwein aufgießen und mit Salz, geschnittenem Salbei und
Rosmarin würzen, aufkochen lassen und auf kleinem Feuer ca. 25 Min.
köcheln lassen. Mit Pfeffer und evtl. noch mal Meersalz würzen und
alles pürieren.

3.13 Bulgur mit Tomaten und frischen Kräutern

Fördert Verdauung, hilft Fett zu verdauen, harntreibend, senkt
Blutdruck, zieht Adern zusammen, vergrößert Herzkranzgefäße, zieht
Gebärmutter zusammen.

Anzahl Portionen: 1
Kalorien p. Portion 205
Gramm p. Portion   244
Kochdauer ca.   30 min.
Allergene: A
(Kohlehydrat:71% / Eiweiß & Fett:29%)
100g.≈ Eiweiß 14,92g. Fett:22,17g.
µg. - Ph:136,51 Na:6,27 Ka:256,14 Mg:48,22 Ca:20,11 Fe:1,82 Zn:1,3 Col.:0,08
Hsr.:78,86

Zutaten:
Bulgur (Getreide) 1 Tasse / 120g. (ja)
Tomate 2 Stück / 70g. (empfehlenswert)
Rucola Rauke 2 EL / 16g. ()
Paprika (Rosenpaprikapulver) 1 Prise / 2g. (ja)
Olivenöl 2 EL / 20g. (ja)
Pfeffer gemahlen 1 Prise / 0,5g. ()
Salz 1 Prise / 1g. (wenig)
Basilikum 4 Blätter / 2g. (empfehlenswert)
Thymian 1 Zweig / 3g. (ja)
Zitrone Saft 1/2 Stück / 10g. (ja)

Kochanleitung:
Kaltes Wasser in einem Topf aufsetzen, Bulgur hineinstreuen und gar köcheln. Kleingeschnittene Tomaten, frische Kräuter wie Basilikum und Thymian, Rucola, eine Prise Rosenpaprika, Zitronensaft, einen Schuss Olivenöl, etwas gemahlenen Pfeffer und etwas Salz unterrühren. Empfehlung: Ideale Morgenmahlzeit im Sommer, aber auch gut geeignet als Abendmahlzeit, insbesondere bei Schlafstörungen.

3.14 Champignonreis

Stärkt Nieren, ist harntreibend, erwärmt den Körper von innen, erweitert die Gefäße, stärkt die Muskeln, fördert die Verdauung, kuriert Bluthochdruck, löst Stagnation, fördert Gewichtsabnahme. Gut bei Abwehrschwäche und Appetitlosigkeit.

Anzahl Portionen: 2
Kalorien p. Portion 410
Gramm p. Portion   341
Kochdauer ca.   30 Min.
Allergene: L
(Kohlehydrat:89% / Eiweiß & Fett:11%)
100g.≈ Eiweiß 10,01g. Fett:3,44g.
µg. - Ph:30,31 Na:3,54 Ka:32,26 Mg:27,24 Ca:62,74 Fe:0,37 Zn:0,16 Col.:0 Hsr.:12,22

Zutaten:
Zwiebel weiss 1 Stück / 50g. (wenig)
Lorbeerblatt 2 Stück / 1g. (empfehlenswert)
Nelke 2 Stück / 1g. (ja)
Grundrezept für eine Gemüsebrühe nahrhaft 400 g. / 350g. (empfehlenswert)
Reis Vollkorn 200 g / 200g. (ja)
Champignon 60 g. / 60g. (ja)
Petersilie 20 g. / 20g. (empfehlenswert)
Pfeffer gemahlen 1 Prise / 0,2g. ()

Kochanleitung:
Die Nelken in die Zwiebel stecken, die Gemüsebrühe mit der Zwiebel und den Lorbeerblättern zum Kochen bringen und den Reis in die kochende Flüssigkeit geben. Temperatur auf die kleinste Stufe zurückschalten und mit geschlossenem Deckel 20-25 Min. garziehen lassen. In der Zwischenzeit die Champignons putzen, in Scheiben schneiden, mit wenig Wasser kurz andünsten oder anbraten. Die Petersilie waschen und fein hacken. Aus dem fertigen Reis die Zwiebel herausnehmen, die Champignons und die Petersilie hinzugeben und mit Pfeffer und Salz abschmecken.

3.15 Couscous-Salat

Bakterizid, beugt Krebs vor, stärkt Magensaftproduktion, fördert Verdauung, regt Leberfunktion an, senkt Blutdruck, stärkt Immunsystem, reduziert Strahlenverletzungen, harntreibend.

Anzahl Portionen: 3
Kalorien p. Portion 338
Gramm p. Portion 285,67
Kochdauer ca. 25 Min.
Allergene: A
(Kohlehydrat:75,44% / Eiweiß & Fett:24,56%)
100g.≈ Eiweiß 12,22g. Fett:7,11g.
µg. - Ph:15,3 Na:17,27 Ka:83,68 Mg:6,5 Ca:21,3 Fe:0,46 Zn:0,07 Col.:0 Hsr.:13,69

Zutaten:
Wasser 250 ml. / 100g. (ja)
Olivenöl 1 EL / 15g. (ja)
Couscous 200 g / 200g. (ja)
Zitrone Saft 3 EL / 30g. (ja)
Zitrone Schale 1 TL / 2g. (ja)
Tomate 2 Stück / 80g. (empfehlenswert)
Gurke 100 g. / 100g. (empfehlenswert)
Karotte (Mohrrübe, Möhre) 100 g. / 100g. (empfehlenswert)
Petersilie 1 Bund / 100g. (empfehlenswert)
Lauchzwiebel Schnittlauch 1 Bund / 100g. (ja)
Pfefferminze 3 Äste / 30g. (ja)

Kochanleitung:
In einem kleinen Topf 250 ml Wasser mit Salz und 1 EL Olivenöl zum Kochen bringen. Couscous einrühren, vom Herd nehmen und zugedeckt 5 Min. quellen lassen. Couscous zurück auf den Herd stellen und bei milder Hitze weitere ca. 2 Min. unter ständigem leichten Rühren ziehen lassen. Eventuell noch 1-3 EL heißes Wasser untermischen. Couscous mit Zitronensaft, kleingehackter Zitronenschale und 1 EL Öl vermischen, mit Salz und Pfeffer abschmecken und etwas durchziehen lassen. Couscous mit gewürfelten Tomaten und Gurken, geriebenen Karotten, Petersilie, Schnittlauch und Minze (fein gehackt) vermischen. Couscous-Salat mit Zitronensaft, Salz und Pfeffer abschmecken.

3.16 Cranberrisaft

Antibakteriell, harntreibend. Gut bei Appetitlosigkeit, Arteriosklerose, Blasenentzündung, Fieber, Mundschleimhautentzündung, Rheuma. Gegen freie Radikale, gegen Erkältung. Mangel vor.

Anzahl Portionen: 1
Kalorien p. Portion 43
Gramm p. Portion 160
Kochdauer ca. 5 Min.
Allergene:
(Kohlehydrat:98,46% / Eiweiß & Fett:1,54%)
100g.≈ Eiweiß 0,14g. Fett:0,02g.
µg. - Ph:2,06 Na:1,53 Ka:11,69 Mg:1,16 Ca:4,22 Fe:0,09 Zn:0,1 Col.:0 Hsr.:3,12

Zutaten:
Cranberries 2 EL / 25g. (empfehlenswert)
Wasser 1 Tasse / 125g. (ja)
Honig 1 EL / 10g. (ja)

Kochanleitung:
Cranberries und etwas Wasser mit dem Pürierstab zu einem Brei mixen. Mit dem restlichen Wasser aufgießen und mit Honig süßen.

3.17 Dicke Erbsensuppe für den Winter

Stärkt Leber, Nieren und Abwehrkraft. Ist harntreibend, entgiftend, löst Stagnation, fördert Durchblutung.

Anzahl Portionen: 3
Kalorien p. Portion 124
Gramm p. Portion 255
Kochdauer ca. 2-3 Stunden
Allergene: AN
(Kohlehydrat:46,79% / Eiweiß & Fett:53,21%)
100g.≈ Eiweiß 4,37g. Fett:7,31g.
µg. - Ph:10,32 Na:0,75 Ka:22,49 Mg:3,65 Ca:4,66 Fe:0,17 Zn:0,04 Col.:0 Hsr.:15,62

Zutaten:
Erbse, grün 150 g. / 150g. (empfehlenswert)
Wasser 600 ml. / 550g. (ja)
Sesamöl 1 EL / 20g. (ja)
Zwiebel weiss 1/2 Stück / 25g. (wenig)
Ingwer frisch 1/2 TL / 1g. (empfehlenswert)
Kümmel 1/2 TL / 1g. (ja)
Hafer Schrot 1 EL / 15g. (ja)
Salz 1 Prise / 1g. (wenig)
Petersilie 1 Stängel / 2g. (empfehlenswert)

Kochanleitung:
Erbsen vorher einweichen. Sesamöl in einem Topf erhitzen und kleingeschnittene Zwiebel, Haferschrot, Ingwer und Kümmel darin anbraten. Erbsen zugeben und 2-3 Std. köcheln. Am Ende Salz zufügen und mit Petersilie garnieren.

3.18 Dinkelgrießbrei mit Beeren der Saison

Leicht abführend, stärkt Immunsystem, aktiviert Zellstoffwechsel, entzündungshemmend, wirkt kreislaufstabilisierend und bei Durchblutungsstörungen.

Anzahl Portionen: 2
Kalorien p. Portion 244
Gramm p. Portion 221,6
Kochdauer ca. 15 Min.
Allergene: AGH
(Kohlehydrat:57,17% / Eiweiß & Fett:42,83%)
100g.≈ Eiweiß 6,6g. Fett:14,34g.
µg. - Ph:46,36 Na:39,05 Ka:81,18 Mg:13,55 Ca:27,35 Fe:0,46 Zn:0,08 Col.:3,13 Hsr.:6,44

Zutaten:
Kuhmilch (1,5 % Fett) 1/8 Liter / 125g. (ja)
Wasser 1/8 Liter / 125g. (ja)
Dinkel Gries 5 EL / 50g. (ja)
Butter Bio 2 TL / 20g. (ja)
Beeren der Saison 100 g. / 100g. (empfehlenswert)
Honig 1-2 TL / 5g. (ja)
Mandeln 1-2 TL / 5g. (ja)
Pfefferminze 3-4 Blätter / 2g. (ja)
Zimtpulver 1 Prise / 0,5g. (empfehlenswert)
Vanille 1 Prise / 0,2g. (ja)
Kakao 1 Prise / 0,5g. (ja)
Kokosraspeln 1 EL / 10g. (ja)

Kochanleitung:
Dinkelgrieß in kaltes Wasser einrühren und bei mittlerer Hitze langsam aufkochen, umrühren, vom Herd nehmen und einige Minuten quellen lassen. Je nach gewünschter Konsistenz ist eventuell noch etwas Wasser zuzufügen. Butter und geriebene Nüsse in den Brei einrühren und Himbeeren unterheben. Mit Honig oder Vollrohrzucker nach Belieben süßen und servieren. Gewürze und Aromen: Frische Minze, Zimt oder Vanille, Kakao, Kokosraspel Sommer: Himbeeren, Heidelbeeren oder Erdbeeren verwenden.

3.19 Erfrischende Gurkensuppe mit Kartoffeln

Harntreibend, entgiftend, unterdrückt Umwandlung von Zucker in Fett, senkt Cholesterinspiegel, beugt Krebs vor, lindert Entzündungen, verbessert Verdauung, fördert Durchblutung, fördert Appetit.

Anzahl Portionen: 3
Kalorien p. Portion 148
Gramm p. Portion 307,33
Kochdauer ca. 15 Min
Allergene: GN
(Kohlehydrat:70% / Eiweiß & Fett:30%)
100g.≈ Eiweiß 3,93g. Fett:5,09g.
µg. - Ph:3,72 Na:0,77 Ka:23,54 Mg:1,43 Ca:2 Fe:0,05 Zn:0,02 Col.:0 Hsr.:1,19

Zutaten:
Sesamöl 1 EL / 10g. (ja)
Kartoffel 4 Stück / 300g. (empfehlenswert)
Zwiebel Frühlingszwiebel 3 Stück / 60g. (wenig)
Pfeffer gemahlen 1 Prise / 0,5g. ()
Muskatnuss 1 Prise / 1g. (empfehlenswert)
Salz 1 Prise / 1g. (wenig)
Zitrone 1/2 Stück / 25g. (ja)
Gurke 2 Stück / 500g. (empfehlenswert)
Sahne, süß 30% 1 EL / 10g. (wenig)
Dill 1 EL / 15g. (empfehlenswert)

Kochanleitung:
Kleingeschnittene Kartoffeln und reichlich Frühlingszwiebeln in Sesamöl anbraten und mit Pfeffer, etwas Muskat, Salz und Zitronensaft würzen. Heißes Wasser und gewürfelte Salatgurke dazugeben, ca. 10 Min. dünsten und danach pürieren. Etwas süße Sahne nach Belieben und frischen Dill zufügen. Variante: Etwas Chili, Oregano, Thymian oder Rosmarin dazugeben, um die abkühlende Wirkung zu mildern.

3.20 Fenchel mit gerösteten Walnüssen

Stärkt Magen, entgiftet, lindert Entzündungen, verbessert Durchblutung, verbessert Medikamentenwirkung, regt Appetit an, antioxidativ, fördert Verdauung, regt an, löst Stagnation.

Anzahl Portionen: 4
Kalorien p. Portion 342
Gramm p. Portion 336,25
Kochdauer ca. 20 Min.
Allergene: HO
(Kohlehydrat:54,13% / Eiweiß & Fett:45,87%)
100g.≈ Eiweiß 8,8g. Fett:16,38g.
µg. - Ph:12,18 Na:13,51 Ka:80,99 Mg:8,92 Ca:17,54 Fe:0,45 Zn:0,02 Col.:0 Hsr.:3,52

Zutaten:
Fenchel 4 Stück / 800g. (empfehlenswert)
Muskatnuss 1 Prise / 1g. (empfehlenswert)
Ingwer frisch 1/2 TL / 1g. (empfehlenswert)
Salz 1 Prise / 1g. (wenig)
Weißwein 1/8 Liter / 125g. (wenig)
Paprika (Rosenpaprikapulver) 1 Prise / 1g. (ja)
Olivenöl 2 EL / 40g. (ja)
Walnüsse 2 EL / 35g. (wenig)
Wasser 2 Tassen / 220g. (ja)
Mais Gries (Polenta) 1 Tasse / 120g. (ja)
Salz 1 Prise / 1g. (wenig)

Kochanleitung:
Ganz wenig Wasser in einem Topf erhitzen. In Streifen geschnittenen
Fenchel kurz darin andünsten. Muskat, etwas geriebenen Ingwer, Salz,
einen Schuss Weißwein und Rosenpaprika zugeben und solange
dünsten, bis das Gemüse gar, aber noch knackig ist. Etwas Olivenöl
unterrühren und mit gerösteten Walnüssen bestreuen. Die Polenta in
einen Topf mit heißem Wasser unter ständigem Rühren einrieseln
lassen, bis die Polenta die gewünschte Konsistenz hat und dann
salzen. Die Polenta vom Herd nehmen und ca. 10 Min. quellen lassen.

3.21 Fenchel-Kartoffel-Auflauf

Lindert Entzündungen, verbessert Durchblutung, verbessert
Verdauung, harntreibend, senkt Cholesterinspiegel. Gut bei
Appetitlosigkeit, Blähungen, Darmentzündungen, Sodbrennen. Stärkt
Magensaftproduktion.

Anzahl Portionen: 2
Kalorien p. Portion 147
Gramm p. Portion 230,5
Kochdauer ca. 1 1/2 Stunden
Allergene: CGL
(Kohlehydrat:68% / Eiweiß & Fett:32%)
100g.≈ Eiweiß 5,72g. Fett:5,42g.
µg. - Ph:15 Na:12,98 Ka:80,91 Mg:13,52 Ca:40,41 Fe:0,41 Zn:0,09 Col.:7,81 Hsr.:3,64

Zutaten:
Fenchel 200 g. / 200g. (empfehlenswert)
Kartoffel 125 g. / 125g. (empfehlenswert)
Grundrezept für eine Gemüsebrühe 100 ml. / 100g. (empfehlenswert)
Butter Bio 1 TL / 3g. (ja)
Reismehl 2 TL / 6g. (ja)

Sahne sauer 10% 1 TL / 3g. (ja)
Salz 1 Prise / 1g. (wenig)
Zucker Ursüße (Zuckerrohr) süß 1 Prise / 1g. (wenig)
Huhn Eigelb 1 Stück / 10g. (wenig)
Pfeffer Cayenne 1 Prise / 0,5g. (wenig)
Muskatnuss 1 Prise / 0,5g. (empfehlenswert)
Petersilie 1 TL / 2g. (empfehlenswert)
Lauchzwiebel Schnittlauch 1 TL / 3g. (ja)
Parmesan 1 TL / 3g. (wenig)
Butter Bio 1 TL / 3g. (ja)

Kochanleitung:
Kartoffeln in der Schale kochen, abkühlen lassen und dann schälen.
Fenchel waschen, Stiele abschneiden und evtl. äußere Blätter
entfernen. Fenchelgrün zurückhalten und später mit den anderen
Kräutern zur Soße geben. Fenchelknollen ca. 15-20 Min. dünsten.
Danach Kartoffeln und Fenchel in Scheiben schneiden und
schichtweise in eine gefettete Auflaufform geben. Flüssigkeit aus
Fenchelbrühe zum Kochen bringen und mit Mehl binden. Mit Meersalz,
Cayennepfeffer, Zucker, Muskat und saurer Sahne abschmecken.
Abkühlen lassen und mit Eigelb legieren. Die Soße über den Auflauf
verteilen, mit Parmesan, fein gehackter Petersilie und Schnittlauch
bestreuen. Alles 30 Min. bei ca. 200 Grad im Backofen überbacken.

3.22 Fenchel-Reissuppe

Stärkt Magen, lindert Verstopfung, regt Nerven an, entgiftet, lindert
Entzündungen, verbessert Durchblutung.
Anzahl Portionen: 2
Kalorien p. Portion 156
Gramm p. Portion 234
Kochdauer ca.   15-20 Min.
Allergene: EG
(Kohlehydrat:88,32% / Eiweiß & Fett:11,68%)
100g.≈ Eiweiß 3,57g. Fett:6,65g.
µg. - Ph:14,68 Na:32,47 Ka:82,14 Mg:105,79 Ca:110,7 Fe:0,54 Zn:0,06 Col.:1,9 Hsr.:4,9

Zutaten:
Grundrezept für eine Reissuppe 300 ml. / 300g. (empfehlenswert)
Fenchel 1/2 Stück / 150g. (empfehlenswert)
Butter Bio 1 EL / 15g. (ja)
Sojasauce 1 Schuss / 3g. (ja)

Kochanleitung:
Fenchel in der Reissuppe (nach Grundrezept) weich kochen. Vor dem Servieren ein Stück Butter und etwas Sojasoße zugeben.

3.23 Fischsuppe mit Rosmarin

Stärkt Magen, Milz und Leber, senkt Blutdruck, bakterizid, stärkt Immunsystem, beugt Krebs vor, reduziert Strahlenverletzungen, ist cholesterinarm und eiweißreich, fördert Durchblutung, regt Appetit an, antioxidativ, löst Stagnation.

Anzahl Portionen: 4
Kalorien p. Portion 271
Gramm p. Portion   284,25
Kochdauer ca.   30 Min.
Allergene: DLO
(Kohlehydrat:38,39% / Eiweiß & Fett:61,61%)
100g.≈ Eiweiß 15,39g. Fett:14,78g.
µg. - Ph:19,71 Na:7,22 Ka:47,56 Mg:3,06 Ca:5,32 Fe:0,13 Zn:0,03 Col.:0,01 Hsr.:14,36

Zutaten:
Grundrezept für eine Fischbrühe 1/2 Liter / 500g. (ja)
Rosmarin 1/2 Bund / 7g. (ja)
Zwiebel Frühlingszwiebel 1 Stück / 20g. (wenig)
Olivenöl 2 EL / 35g. (ja)
Fischstücke gemischt (Süßwasser) 250 g. / 250g. (empfehlenswert)
Karotte (Mohrrübe, Möhre) 1 Stück / 120g. (empfehlenswert)
Pastinake 1 Stück / 180g. (empfehlenswert)
Sellerie Knolle 1 Scheibe / 20g. (empfehlenswert)
Salz 1 Prise / 1g. (wenig)
Pfeffer Körner 2 Stück / 1g. (wenig)
Knoblauch 1 Zehe / 3g. (empfehlenswert)

Kochanleitung:
Zwiebel und Knoblauch in Öl glasig braten und mit Fischbrühe aufgießen. Gewürfelte Karotte, Pastinake und Sellerie hinzugeben. Mit Salz und Pfefferkörnern würzen. Die Suppe 25 Min. bei schwacher Hitze köcheln lassen. Den Fisch waschen, mit Zitronensaft beträufeln, in Stücke teilen und mit dem abgezupften Rosmarin in die Suppe geben. Alles 5 Min. bei schwacher Hitze garen. Schnittlauch und Petersilie dazugeben und die Suppe mit dem Salz abschmecken.

3.24 Fischsuppe mit Weißwein, Lorbeer und Majoran

Kräftigt Nieren, nährt Blut und Säfte, harntreibend, stärkt Milz und Leber, senkt Blutdruck, fördert Durchblutung, verbessert Medikamentenwirkung, regt Appetit an, bakterizid.

Anzahl Portionen: 3
Kalorien p. Portion 199
Gramm p. Portion 302,67
Kochdauer ca. 45 Min.
Allergene: DLO
(Kohlehydrat:67% / Eiweiß & Fett:33%)
100g.≈ Eiweiß 7,82g. Fett:3,77g.
µg. - Ph:2,67 Na:2,95 Ka:13,85 Mg:0,87 Ca:2,48 Fe:0,04 Zn:0,02 Col.:0 Hsr.:1,86

Zutaten:
Zwiebel Frühlingszwiebel 2 Stück / 40g. (wenig)
Knoblauch 1 Zehe / 2g. (empfehlenswert)
Grundrezept für eine Fischbrühe 1/2 Liter / 500g. (ja)
Karotte (Mohrrübe, Möhre) 1 Stück / 60g. (empfehlenswert)
Pastinake 1 Stück / 100g. (empfehlenswert)
Sellerie Knolle 1 Scheibe / 60g. (empfehlenswert)
Salz 1 Prise / 1g. (wenig)
Pfeffer Körner 2 Stück / 1g. (wenig)
Zitrone 1/4 Stück / 10g. (ja)
Weißwein 1/8 Liter / 125g. (wenig)
Lorbeerblatt 2 Blätter / 1g. (empfehlenswert)
Rosmarin 1 TL / 2g. (ja)
Lauchzwiebel Schnittlauch 1 TL (gehackt) / 3g. (ja)
Petersilie 1 TL Gehackt / 3g. (empfehlenswert)

Kochanleitung:
Zwiebel und Knoblauch in Öl glasig braten. Mit Fischbrühe aufgießen und gewürfelte Karotte, Pastinake und Sellerie zugeben. Mit Salz und Pfefferkörnern würzen und die Suppe 25 Min. bei schwacher Hitze köcheln lassen. Den Fisch waschen, mit Zitronensaft beträufeln, in Stücke teilen und mit dem Wein, den Lorbeerblättern und dem Majoran in die Suppe geben. Alles 5 Min. bei schwacher Hitze garen. Schnittlauch und Petersilie dazugeben und die Suppe mit dem Salz abschmecken.

3.25 Gegrillte Tomaten mit Käsefüllung

Fördert Verdauung, hilft Fett zu verdauen, harntreibend, senkt Blutdruck, regt Verdauung an.

Anzahl Portionen: 2
Kalorien p. Portion 469
Gramm p. Portion 319,5
Kochdauer ca. 30 Min.
Allergene: ACG
(Kohlehydrat:38% / Eiweiß & Fett:62%)
100g.≈ Eiweiß 18,89g. Fett:30,98g.
μg. - Ph:25,05 Na:101,57 Ka:41,33 Mg:3,14 Ca:21,11 Fe:0,17 Zn:0,12 Col.:13,64
Hsr.:4,36

Zutaten:
Tomate 8 Stück / 200g. (empfehlenswert)
Schafskäse 75 g. / 75g. (ja)
Frischkäse 75 g. / 75g. (ja)
Huhn Ei 1 Stück / 60g. (wenig)
Olivenöl 1 EL / 12g. (ja)
Basilikum (frisch) 1 EL / 6g. (empfehlenswert)
Salz 1 Prise / 1g. (wenig)
Pfeffer gemahlen 1 Prise / 0,5g. ()
Oliven 30 g. / 30g. (ja)
Rucola Rauke 10 dag. / 100g. ()
Weißbrot (Weizenbrot) 4 Scheiben / 80g. (wenig)

Kochanleitung:
Tomaten großzügig aushöhlen und in eine Auflaufform setzen. Käse, Olivenöl, Ei, gehackten Basilikum und Mehl verrühren, mit Salz und Pfeffer würzen und in die Tomaten füllen .Im vorgeheizten Ofen bei 210 Grad auf der mittleren Schiene 15 Min. backen, dann den Backofengrill zuschalten und weitere 3 Min. übergrillen (ohne Umluft). Die Oliven entsteinen, hacken und auf die Tomaten streuen. Tomaten mit Rucola garnieren und mit Weißbrot servieren.

3.26 Gegrillter Tofu mit Reisnudeln, Spinat und Zuckerschoten

Lindert Blähungen, harntreibend, entgiftend, stärkt Magen-Darm-Funktion, erweitert Blutgefäße, regt Appetit an, fördert Ausscheidung und Durchblutung.

Anzahl Portionen: 4
Kalorien p. Portion 327
Gramm p. Portion   373
Kochdauer ca.   30 Min.
Allergene: E
(Kohlehydrat:49,87% / Eiweiß & Fett:50,13%)
100g.≈ Eiweiß 24,38g. Fett:10,73g.
µg. - Ph:31,18 Na:1,57 Ka:31,66 Mg:18,57 Ca:14,87 Fe:0,41 Zn:0,04 Col.:0 Hsr.:26,16

Zutaten:
Sake 85 ml / 85g. (ja)
Zucker Ursüße (Zuckerrohr) süß 1 EL / 7g. (wenig)
Knoblauch 5 Zehen / 7g. (empfehlenswert)
Zwiebel Frühlingszwiebel 3 Stück / 60g. (wenig)
Ingwer frisch 3 cm. / 5g. (empfehlenswert)
Rapsöl 2 EL / 20g. (ja)
Spinat 2 Handvoll / 30g. (empfehlenswert)
Erbse, grün 450 g. / 400g. (empfehlenswert)
Wasser 1 EL / g. (ja)
Reisnudeln 1 Paket / 250g. (ja)
Wasser 1 Liter / g. (ja)
Basilikum 1 EL / 3g. (empfehlenswert)
Soja Tofu 500 g. / 500g. (wenig)

Kochanleitung:
Für die Marinade: Tamari-Soße, Reiswein, Zucker, zerdrückten
Knoblauch, Frühlingszwiebel, geriebenen Ingwer, gehackten Basilikum
und das Rapsöl in einer mittelgroßen Schüssel miteinander vermengen.
Den Tofu hineingeben und mindestens 1 Std. in der Marinade ziehen
lassen. Die Zuckerschoten in einer Pfanne zugedeckt mit wenig Wasser
5 Min. leicht andünsten, den Spinat zufügen und nochmals 3 Min.
weiterdünsten. Die Reisnudeln nach Herstellerangaben kochen,
abtropfen lassen, mit warmem Wasser nochmals abspülen und
abtropfen lassen. Den Grill oder Backofengrill vorheizen, den Tofu von
beiden Seiten jeweils 5 Min. grillen und beiseite stellen. Die Nudeln auf
den Tellern anrichten, das Gemüse rundherum aufteilen und den Tofu
über die Nudeln geben. Mit der Marinade übergießen.

3.27 Gekochter Selleriesalat mit exotischen Gewürzen

Stärkt Magen, bindet Wasser im Darm, antibakteriell, blutbildend, blutreinigend, entzündungshemmend, harntreibend, fördert Durchblutung.

Anzahl Portionen: 4
Kalorien p. Portion 165
Gramm p. Portion   341,12
Kochdauer ca.   30 Min.
Allergene: GLMNO
(Kohlehydrat:47,77% / Eiweiß & Fett:52,23%)
100g.≈ Eiweiß 5,56g. Fett:9,14g.
µg. - Ph:13,51 Na:24,66 Ka:69,44 Mg:3,02 Ca:20,16 Fe:0,1 Zn:0,01 Col.:0,2 Hsr.:12,08

Zutaten:
Sellerie Knolle 1 1/2 Stück / 900g. (empfehlenswert)
Joghurt (natur, 3,5 % Fett) 1 Becher / 250g. (ja)
Sauerrahm 15% Fett 2 EL / 20g. (ja)
Kurkuma (Gelbwurz) 1 Prise / 1g. (empfehlenswert)
Sesamöl 1 EL / 20g. (ja)
Pfeffer gemahlen 1 Prise / 0,5g. ()
Zitronengras 1 Prise / 1g. (ja)
Zwiebel weiss 1/2 Stück / 25g. (wenig)
Senf 1/2 TL / 1g. (ja)
Schwarzkümmel 1 Prise / 1g. (ja)
Salz 1 Prise / 1g. (wenig)
Zitrone Saft 1 Stück / 40g. (ja)
Apfel (sauer) 1/2 Stück / 100g. (empfehlenswert)
Paprika (Rosenpaprikapulver) 1 Prise / 1g. (ja)
Essig (Apfelessig) 1 Schuss / 3g. (ja)

Kochanleitung:
Den Sellerie waschen, schälen und in dicke Scheiben schneiden. In heißem Wasser gar kochen und in längliche, mundgerechte Streifen schneiden. Dressing: Etwas Joghurt, Sauerrahm, Kurkuma, Sesamöl, Pfeffer, Zitronengraspulver, fein geschnittene Zwiebel, etwas Senf, Salz, zerstoßenen Schwarzkümmel, etwas kaltes Wasser, Zitronensaft oder Essig gut vermengen. Den halben säuerlichen Apfel kleingeschnitten, etwas Rosenpaprika und den lauwarmen Sellerie dazugeben und gut vermischen. 2-3 Std. oder über Nacht ziehen lassen. Ideal als Ersatz für Rohkost, auf die man wegen Verdauungsschwäche verzichten möchte.

3.28 Gelbe Linsensuppe

Stärkt Milz, Herz und Nieren, harntreibend, beruhigt den Magen, fördert Verdauung, stärkt Immunsystem, beugt Krebs vor, reduziert Strahlenverletzungen, regt Leberfunktion an, antioxidativ.

Anzahl Portionen: 7
Kalorien p. Portion 155
Gramm p. Portion 324
Kochdauer ca. 20 min.
Allergene: A
(Kohlehydrat:73% / Eiweiß & Fett:27%)
100g.≈ Eiweiß 7,59g. Fett:1,91g.
µg. - Ph:0,84 Na:1,47 Ka:3,19 Mg:0,35 Ca:0,64 Fe:0,02 Zn:0,01 Col.:0 Hsr.:1,11

Zutaten:

Linsen gelb 1/2 Kg. / 500g. (ja)
Karotte (Mohrrübe, Möhre) 2 Stück / 150g. (empfehlenswert)
Kohlrabi 1 Stück / 300g. (empfehlenswert)
Zwiebel weiss 1 Stück / 50g. (wenig)
Petersilie 1/2 Bund / 100g. (empfehlenswert)
Kurkuma (Gelbwurz) 1 Prise / 1g. (empfehlenswert)
Kardamom 1 Prise / 1g. (empfehlenswert)
Salz 1 Prise / 1g. (wenig)
Olivenöl 1 EL / 10g. (ja)
Wasser 1 Liter / 1000g. (ja)
Zitrone Saft 1/2 Stück / 15g. (ja)
Weißbrot (Weizenbrot) 7 Scheiben / 140g. (wenig)

Kochanleitung:

Linsen gründlich in einem Sieb waschen. In einem Topf Öl erhitzen, fein geschnittene Zwiebel, in Scheiben geschnittene Karotten, in Würfel geschnittenen Kohlrabi und Gewürze kurz darin anbraten und salzen. Linsen dazugeben und mit Wasser bedeckt 20 Min. köcheln lassen. Nach Bedarf mit Wasser ergänzen und mit Salz abschmecken. Mit frischer Petersilie oder frischem grünen Koriander bestreuen und mit Zitronensaft beträufeln. Hier kann man auch rote Linsen verwenden (gleiche Kochzeit). Mit Weißbrot servieren.

3.29 Gemüseeintopf mit provenzalischer Pistou

Stärkt Magen, Milz und Leber, senkt Blutdruck, bakterizid, stärkt Immunsystem, beugt Krebs vor, reduziert Strahlenverletzungen, löst Stagnation, lindert Verstopfung, produziert Muttermilch.

Anzahl Portionen: 8
Kalorien p. Portion 137
Gramm p. Portion 323,12
Kochdauer ca. 1 1/2 Stunden
Allergene: AGL
(Kohlehydrat:75% / Eiweiß & Fett:25%)
100g.≈ Eiweiß 5,89g. Fett:6,34g.
µg. - Ph:0,65 Na:0,64 Ka:2,48 Mg:1,06 Ca:4,28 Fe:0,02 Zn:0 Col.:0,01 Hsr.:0,25

Zutaten:

Tomate 200 g. / 200g. (empfehlenswert)
Olivenöl 2 EL / 30g. (ja)
Knoblauch 1 Zehe / 5g. (empfehlenswert)
Parmesan 30 g. / 30g. (wenig)
Toastbrot (Vollkorn) 1 Scheibe / 5g. (ja)
Basilikum (frisch) 1 Bund / 125g. (empfehlenswert)
Salz 1 Prise / 2g. (wenig)
Pfeffer gemahlen 1 Prise / 1g. ()
Oregano getrocknet 1 TL / 3g. (empfehlenswert)
Grundrezept für eine Gemüsebrühe nahrhaft 1 1/4 Liter / 1250g. Karotte (Mohrrübe, Möhre) 150 g. / 150g. (empfehlenswert)
Sellerie Knolle 100 g. / 100g. (empfehlenswert)
Brokkoli 200 g. / 200g. (empfehlenswert)
Fenchel 1 Stück / 250g. (empfehlenswert)
Thymian getrocknet 1/2 TL / 2g. (ja)
Oregano getrocknet 1/2 TL / 2g. (empfehlenswert)
Lorbeerblatt 1 Stück / 0,5g. (empfehlenswert)
Erbse, grün 50 g. / 50g. (empfehlenswert)
Zwiebel Frühlingszwiebel 4 Stück / 80g. (wenig)
Kartoffel 100 g. / 100g. (empfehlenswert)

Kochanleitung:

Soße: Tomaten abziehen, in kleine Stücke schneiden und zusammen mit fein gehacktem Knoblauch in Olivenöl ein wenig einkochen. Toastbrot (zerkrümelt), frischen fein geriebenen Parmesan, fein geschnittenen Basilikum, Oregano, Salz und Pfeffer dazugeben. Suppe: Gemüsebrühe nach Grundrezept zum Kochen bringen, in grobe Scheiben geschnittene Karotten, würfelig geschnittenen Sellerie, würfelig geschnittene Kartoffel, kleine Röschen Brokkoli, kleingeschnittene Fenchelknolle, Erbsen, Thymian, Oregano und das

Lorbeerblatt hinzufügen und 10 Min. kochen lassen. Frühlingszwiebeln in dünne Ringe geschnitten zufügen und weitere 2 Min. mitkochen. Einige Esslöffel Soße in eine Suppenschüssel füllen und kochend heiße Brühe damit verrühren. Nach und nach die Soße mit der Suppe mischen.

3.30 Gemüse-Grieß-Suppe

Harntreibend, harmonisiert Magen und Darm, senkt Blutdruck, regt Verdauung an, reduziert Schmerzen, senkt Cholesterinspiegel, entgiftet. Gut bei Appetitlosigkeit, Blähungen, Darmentzündungen, Sodbrennen, Zwölffingerdarmgeschwüren.

Anzahl Portionen: 3
Kalorien p. Portion 199
Gramm p. Portion 459,67
Kochdauer ca. 20 Min.
Allergene: AEGL
(Kohlehydrat:78,84% / Eiweiß & Fett:21,16%)
100g.≈ Eiweiß 6,38g. Fett:7,03g.
µg. - Ph:12,79 Na:13,89 Ka:69,81 Mg:18,98 Ca:66,25 Fe:0,28 Zn:0,04 Col.:0,39 Hsr.:8,64

Zutaten:
Grundrezept für eine Gemüsebrühe nahrhaft 1/2 Liter / 500g. (empfehlenswert)
Kartoffel 1 Stück / 80g. (empfehlenswert)
Pastinake 1 Stück / 180g. (empfehlenswert)
Karotte (Mohrrübe, Möhre) 1 Stück / 120g. (empfehlenswert)
Sellerie Knolle 150 g. / 150g. (empfehlenswert)
Kohlrabi 1/2 Stück / 200g. (empfehlenswert)
Bohnen (grün, frisch) 10 dag. / 100g. (wenig)
Weizen Gries 2 EL / 24g. (ja)
Liebstöckel 1/2 TL / 2g. (empfehlenswert)
Butter Bio 1 EL / 20g. (ja)
Sojasauce 1 TL / 3g. (ja)

Kochanleitung:
Vorbereitete Gemüsebrühe erhitzen und buntes Gemüse darin weich kochen. Etwas Weizengrieß einstreuen und quellen lassen. Am Schluss reichlich Liebstöckelgrün und etwas Butter unterrühren und mit Sojasoße abschmecken.

3.31 Gemüsesaft

Fördert Verdauung, hilft Fett zu verdauen, harntreibend, senkt Blutdruck, bakterizid, stärkt Magen und Immunsystem, beugt Krebs vor, reduziert Strahlenverletzungen, vertreibt innere Kälte, wirkt anregend.

Anzahl Portionen: 1
Kalorien p. Portion 64
Gramm p. Portion 225
Kochdauer ca. 15 Min.
Allergene: L
(Kohlehydrat:82,23% / Eiweiß & Fett:17,77%)
100g.≈ Eiweiß 2,47g. Fett:0,44g.
µg. - Ph:33,92 Na:30,92 Ka:205,63 Mg:13,57 Ca:34,59 Fe:1,18 Zn:0,33 Col.:0 Hsr.:19,76

Zutaten:
Sellerie Knolle 20 g. / 20g. (empfehlenswert)
Karotte (Mohrrübe, Möhre) 100 g. / 100g. (empfehlenswert)
Tomate 100 g. / 100g. (empfehlenswert)
Knoblauch 1 Stück / 2g. (empfehlenswert)
Salz 1 TL / 2g. (wenig)
Acerola Fruchtnektar oder Pulver 1/2 TL / 1g. (empfehlenswert)

Kochanleitung:
Alle Zutaten schälen, mit dem Entsafter zu einem Getränk verarbeiten und Acerola unterrühren.

3.32 Gemüsetopf mit Tofu und Curry auf Naturreis

Harntreibend, senkt Blutzucker und Blutdruck, lindert Blähungen, unterstützt die Verdauung, enthält ideale pflanzliche Schleimstoffe, die zur Regeneration der Dünn- und Dickdarmflora wertvolle Dienste leisten, bakterizid, stärkt Immunsystem.

Anzahl Portionen: 6
Kalorien p. Portion 162
Gramm p. Portion 400,17
Kochdauer ca. 30 Min.
Allergene: E
(Kohlehydrat:56% / Eiweiß & Fett:44%)
100g.≈ Eiweiß 8,62g. Fett:6,02g.
µg. - Ph:1,42 Na:0,6 Ka:6,19 Mg:0,81 Ca:1,42 Fe:0,02 Zn:0,01 Col.:0 Hsr.:0,6

Zutaten:
Olivenöl 2 EL / 20g. (ja)
Knoblauch 2 Zehen / 3g. (empfehlenswert)
Zwiebel weiss 1 Stück / 60g. (wenig)
Curry 2 EL / 16g. (wenig)
Wasser 1/2 Liter / 500g. (ja)

Speiserüben 2 Stück / 50g. (empfehlenswert)
Kürbis 1 Stück / 400g. (empfehlenswert)
Karotte (Mohrrübe, Möhre) 1 Stück / 100g. (empfehlenswert)
Pastinake 1 Stück / 150g. (empfehlenswert)
Kartoffel 1 Stück / 70g. (empfehlenswert)
Süßkartoffel 1 Stück / 70g. (empfehlenswert)
Blumenkohl (Karfiol) 1/4 Stück / 250g. (wenig)
Brokkoli 1/2 Stück / 250g. (empfehlenswert)
Okra 12 Stück / 200g. (empfehlenswert)
Soja Tofu 1 Stück / 250g. (wenig)
Basilikum 3 EL / 12g. (empfehlenswert)
Salz 1 Prise / 0,5g. (wenig)

Kochanleitung:
In einer großen, schweren Kasserolle das Öl bei mittlerer Temperatur
erhitzen, Knoblauch und Zwiebel dazugeben und unter ständigem
Rühren anschwitzen. Mit Currypulver nach Geschmack würzen, etwa 5
Min. behutsam mitbraten und darauf achten, dass Knoblauch und Curry
nicht anbrennen. Das Wasser zugießen und zum Kochen bringen. Nach
und nach sämtliche Gemüse schälen, würfeln und hineingeben und
dabei mit den Sorten beginnen, die die längste Garzeit benötigen.
Sobald das Wasser erneut kocht, zudecken, die Wärmezufuhr drosseln
und das Gemüse etwa 15 Min. köcheln lassen. Wenn es fast weich ist,
Blumenkohl- und Brokkoliröschen sowie die Okra dazugeben und den
Eintopf weitere 10 bis 15 Min. garen. Während der letzten 5 Min. den
Tofu hineingeben und erwärmen. Gleichzeitig den Naturreis kochen: In
einem mittleren Kochtopf mit Wasser den Reis einstreuen, salzen und
zugedeckt ca. 20 Min. auf kleiner Flamme kochen, vom Herd nehmen
und weitere 10 Min. ziehen lassen. Den Eintopf auf dem Naturreis
anrichten und mit Basilikum bestreuen.

3.33 Geriebener Apfel

3 x tgl. essen, wirkt stopfend, bindet Wasser im Darm.
Anzahl Portionen: 1
Kalorien p. Portion 120
Gramm p. Portion 200
Kochdauer ca. 10 Min.
Allergene:
(Kohlehydrat:94,21% / Eiweiß & Fett:5,79%)
100g.≈ Eiweiß 0,6g. Fett:0,8g.
µg. - Ph:11 Na:3 Ka:144 Mg:6 Ca:7 Fe:0,5 Zn:0,1 Col.:0 Hsr.:15

Zutaten:
Apfel (sauer) 1 Stück / 200g. (empfehlenswert)

Kochanleitung:
Apfel (sauer) schälen und möglichst fein reiben. Danach mindestens 5 Min. stehen lassen, bis er braun geworden ist.

3.34 Gerstenbratlinge

Verbessert Verdauung, senkt Cholesterinspiegel. Gut bei Durchfall, Geschwüren, Gliederschmerzen und Magenproblemen. Stärkt Milz, Leber und Immunsystem, senkt Blutdruck, bakterizid, beugt Krebs vor, reduziert Strahlenverletzungen.

Anzahl Portionen: 3
Kalorien p. Portion 398
Gramm p. Portion 292,67
Kochdauer ca. 1 1/2 Stunden
Allergene: ACN
(Kohlehydrat:63% / Eiweiß & Fett:37%)
100g.≈ Eiweiß 8,38g. Fett:19,69g.
µg. - Ph:7,07 Na:4,18 Ka:17,24 Mg:2,02 Ca:2,5 Fe:0,08 Zn:0,04 Col.:2,76 Hsr.:2,93

Zutaten:
Wasser 2 Tassen / 250g. (ja)
Gerstengrütze 1 Tasse / 120g. (ja)
Kartoffel 1 Stück / 140g. (empfehlenswert)
Karotte (Mohrrübe, Möhre) 1 Stück / 120g. (empfehlenswert)
Champignon 2-3 Stück / 25g. (ja)
Huhn Ei 1 Stück / 55g. (wenig)
Zwiebel weiss 1 Stück / 50g. (wenig)
Ingwer frisch 1/2 TL / 1g. (empfehlenswert)
Pfeffer gemahlen 1 Prise / 0,5g. ()
Salz 1 Prise / 1g. (wenig)
Zitrone 1/2 Stück / 15g. (ja)
Petersilie 2 EL / 15g. (empfehlenswert)
Paprika (Rosenpaprikapulver) 1 Prise / 1g. (ja)
Sesamöl 2-3 EL / 50g. (ja)
Brötchen (Semmel) 1 Stück / 35g. (ja)

Kochanleitung:
Vorbereitung: 2 große Tassen heißes Wasser in einen Topf geben, 1 große Tasse Thermo-Gerstengrütze dazugeben und 2 Min. unter Rühren köcheln lassen. Dann 20 Min. auf der ausgeschalteten Herdplatte quellen lassen, herunternehmen und abkühlen lassen. Eine große Kartoffel kleinschneiden und in Wasser kochen. Brötchen in heißem Wasser einweichen und dann gut ausdrücken. Danach die Gerstengrütze, die zerdrückte Kartoffel und das Brötchen vermengen

und folgendes zufügen: 1 geraspelte Karotte, 2-3 kleingehackte Champignons, 1 Ei, 1 fein gehackte Zwiebel, ½ TL geriebenen Ingwer, je eine Prise Salz und Pfeffer, etwas Zitronensaft, gehackte Petersilie und reichlich Rosenpaprika. Alles gut durchkneten und Bratlinge formen. In einer heißen Pfanne Sesamöl erhitzen und die Bratlinge etwa 15 Min. bei schwacher Hitze ausbacken. Nach der Hälfte der Zeit wenden. Dazu passt: Blattsalat, Sojasprossengemüse.

3.35 Gerstenbrei mit gedünsteter Birne

Fördert Verdauung, harntreibend, stärkt Milz und Magen, kühlt Blase, befeuchtet Darm und Haut, entspannt, schweißtreibend.

Anzahl Portionen: 5
Kalorien p. Portion   113
Gramm p. Portion   305,8
Kochdauer ca.   25 Min.
Allergene: A
(Kohlehydrat:86% / Eiweiß & Fett:14%)
100g.≈ Eiweiß 3,26g. Fett:0,72g.
µg. - Ph:1,16 Na:0,11 Ka:2,09 Mg:0,44 Ca:0,33 Fe:0,01 Zn:0,01 Col.:0 Hsr.:0,42

Zutaten:
Wasser 10 Tassen / 1200g. (ja)
Gerste 1 Tasse / 120g. (ja)
Ingwer frisch 2 Scheiben / 2g. (empfehlenswert)
Kardamom 3 Kapseln / 1g. (empfehlenswert)
Salz 1 Prise / 1g. (wenig)
Birne 1 Stück / 200g. (empfehlenswert)
Zucker Ursüße (Zuckerrohr) süß 1/2 EL / 5g. (wenig)

Kochanleitung:
Die Gerste zu grobem Schrot mahlen und trocken anrösten. Heißes Wasser aufgießen, Ingwer und Kardamom hinzufügen und bei wenig Hitze zu einem Brei quellen lassen. Birne schälen und würfeln und mit wenig Wasser 10 Min. dünsten. Am Ende die gedünstete Birne mit etwas Butter und Süßmittel zur Gerste geben. Variante: Wenn es morgens schnell gehen soll, kann man an Stelle von Schrot Gerstenflocken verwenden.

3.36 Gersten-Gemüse-Suppe

Nährt Blut, harntreibend, entgiftet, stärkt Milz und Leber, senkt Blutdruck, bakterizid, stärkt Immunsystem, beugt Krebs vor, reduziert Strahlenverletzungen, fördert Verdauung, hilft Fett zu verdauen, harmonisiert Stoffwechsel.

Anzahl Portionen: 3
Kalorien p. Portion 281
Gramm p. Portion   304
Kochdauer ca.   2 Stunden
Allergene: AGL
(Kohlehydrat:73% / Eiweiß & Fett:27%)
100g.≈ Eiweiß 11,93g. Fett:5,74g.
µg. - Ph:9,75 Na:1,36 Ka:21,85 Mg:3,27 Ca:3,09 Fe:0,14 Zn:0,08 Col.:0,09 Hsr.:9,52

Zutaten:
Gerste 1 Tasse / 120g. (ja)
Shiitake, getrocknet 4 g. / 4g. (ja)
Zwiebel Schalotte 1 Stück / 20g. (wenig)
Cumin (Kreuzkümmel) 1 Messerspitze / 0,5g. (empfehlenswert)
Sonnenblumenöl 1 EL / 10g. (ja)
Wasser 300 ml / 250g. (ja)
Sellerie Stangensellerie 2 Äste / 20g. (empfehlenswert)
Erbse, grün 250 g. / 250g. (empfehlenswert)
Tomate 1 Stück / 50g. (empfehlenswert)
Karotte (Mohrrübe, Möhre) 2 Stück / 150g. (empfehlenswert)
Stangenbohnen (Fisolen) 1 Handvoll / 30g. (wenig)
Salz 1 Prise / 1g. (wenig)
Pfeffer gemahlen 1 Prise / 0,5g. ()
Petersilie 1 TL / 3g. (empfehlenswert)
Butter Bio 1 TL / 3g. (ja)

Kochanleitung:
Gerste am Abend einweichen. Am nächsten Tag die Pilze separat einweichen. Zwiebel und Cumin in Öl bräunen, dann mit Wasser aufkochen. Das kleingeschnittene Gemüse, etwas Salz, die Gerste und die Shiitakepilze hinzufügen und alles zu einer dicken Suppe weich kochen. Am Ende mit Pfeffer, Petersilie und etwas Butter abschmecken.

3.37 Geschmortes Kaninchen mit Reis und Salat

Stärkt, fördert Durchblutung, regt Appetit an.

Anzahl Portionen: 6
Kalorien p. Portion 522
Gramm p. Portion 432,5
Kochdauer ca. 1 Stunde
Allergene: LMO
(Kohlehydrat:23% / Eiweiß & Fett:77%)
100g.≈ Eiweiß 44,27g. Fett:25,41g.
µg. - Ph:3,11 Na:0,7 Ka:5,93 Mg:0,59 Ca:0,47 Fe:0,03 Zn:0,02 Col.:1,25 Hsr.:3,37

Zutaten:
Olivenöl 2 EL / 20g. (ja)
Kaninchen Fleisch 1 Stück (in 10-12 Stücke zerlegt) / 1200g. (ja)
Olivenöl 2 EL / 20g. (ja)
Karotte (Mohrrübe, Möhre) 2 Stück / 180g. (empfehlenswert)
Knoblauch 2 Zehen / 3g. (empfehlenswert)
Sellerie Stangensellerie 1 Stange / 10g. (empfehlenswert)
Zwiebel weiss 1 Stück / 60g. (wenig)
Weißwein 350 ml. / 250g. (wenig)
Wasser 1/2 Tasse / 0g. (ja)
Wasser 6 Tassen / 400g. (ja)
Reis Basmatireis 1 Tasse / 120g. (ja)
Salz 1 Prise / 1g. (wenig)
Feldsalat 300 g. / 300g. (ja)
Olivenöl 2 EL / 20g. (ja)
Zitrone Saft 1/4 Stück / 8g. (ja)
Senf 1 Prise / 1g. (ja)
Salz 1 Prise / 1g. (wenig)
Honig 1 Prise / 1g. (ja)

Kochanleitung:
In einer schweren Schmorpfanne das Öl bei niedriger Temperatur
erhitzen. Die Kaninchenteile hineingeben, rundum kräftig anbraten und
danach auf eine Platte legen. Öl in der Pfanne erhitzen, Möhre,
Knoblauch, Stangensellerie und Zwiebel hineingeben, unter
mehrmaligem Rühren goldbraun braten und beiseite stellen. Die
Kaninchenteile wieder in die Pfanne legen, das Gemüse darüber
verteilen, den Wein aufgießen und einige Augenblicke brodeln lassen.
Das Wasser aufgießen und zum Kochen bringen. Den Deckel auflegen,
die Wärmezufuhr drosseln und zwischendurch immer wieder
nachsehen, ob noch genügend Garflüssigkeit vorhanden ist. Nach
Geschmack salzen und das Kaninchen mindestens 90 Min. oder so
lange schmoren, bis das Fleisch weich ist. In der Zwischenzeit den Reis

in einem Topf mit der sechsfachen Menge gesalzenem Wasser auf kleiner Stufe kochen . Den Salat waschen, trocken schleudern, kleinzupfen und in einer Schüssel anrichten. In einer kleinen Schüssel Olivenöl, Zitronensaft, etwas Senf, Salz und Honig gut verrühren und mit dem Salat vermischen.

3.38 Geschnetzeltes Huhn mit Walnüssen und Sherry

Stärkt Blut, baut Milz und Magen auf, stärkt Magen-Darm-Funktion, erweitert Blutgefäße, bakterizid, reduziert Blutfett, regt an.

Anzahl Portionen: 4
Kalorien p. Portion 304
Gramm p. Portion 272
Kochdauer ca. 25 Min.
Allergene: EGHN
(Kohlehydrat:36,28% / Eiweiß & Fett:63,72%)
100g.≈ Eiweiß 20,57g. Fett:25,01g.
µg. - Ph:27,57 Na:7,42 Ka:29,72 Mg:7,25 Ca:3,77 Fe:0,28 Zn:0,02 Col.:1,78 Hsr.:19,84

Zutaten:

Butter Bio 2 EL / 35g. (ja)
Walnüsse 2 EL / 25g. (wenig)
Ingwer frisch 1/2 TL / 2g. (empfehlenswert)
Zwiebel Schalotte 2 Stück / 40g. (wenig)
Salz 1 Prise / 1g. (wenig)
Huhn Fleisch 300 g. / 300g. (ja)
Paprika (Rosenpaprikapulver) 1 Prise / 1g. (ja)
Sesam, Weißer 1 TL / 2g. (ja)
Schwarzer Fungu Pilz 4 Stück / 3g. (ja)
Shiitake, getrocknet 4 Stück / 5g. (ja)
Sojasauce 1 Schuss / 3g. (ja)
Reis Vollkorn 1 Tasse / 120g. (ja)
Wasser 6 Tassen / 550g. (ja)
Salz 1 Prise / 1g. (wenig)

Kochanleitung:

In einer Pfanne Butter oder Sesamöl erhitzen. Darin Walnüsse, reichlich geriebenen Ingwer, kleingeschnittene Schalotten oder Zwiebeln leicht anbraten. Salz und das geschnetzelte Huhn zufügen und rundherum anbraten. Rosenpaprika, gerösteten Sesam, eingeweichten schwarzen Fungu, Shiitakepilze oder Champignons dazugeben und mit einem Schuss Sherry ablöschen. 5-10 Min. köcheln lassen, bis das Fleisch gar ist und mit Sojasoße abschmecken. Reis in gesalzenem Wasser aufkochen lassen und bei kleiner Hitze ca. 15 Min. quellen lassen. Dazu passt: Feldsalat, Radicchio

3.39 Grießbrei mit Banane

Reguliert Magen-Darm-Funktion, befeuchtet Darm, entzündungshemmend, antiallergisch, kreislaufstabilisierend, kühlt innere Hitze, gut bei Durchblutungsstörungen.

Anzahl Portionen: 1
Kalorien p. Portion 307
Gramm p. Portion 284
Kochdauer ca. 15 Min.
Allergene: AG
(Kohlehydrat:66,17% / Eiweiß & Fett:33,83%)
100g.≈ Eiweiß 10,58g. Fett:10,73g.
µg. - Ph:116,7 Na:93,56 Ka:218,89 Mg:28,56 Ca:92,08 Fe:0,64 Zn:0,36 Col.:7,61 Hsr.:12,85

Zutaten:

Kuhmilch (Vollmilch 3,5 % Fett) 200 ml / 200g. (ja)
Dinkel Gries 3 EL / 30g. (ja)
Butter Bio 1 TL / 4g. (ja)
Banane 1/2 Stück / 50g. (empfehlenswert)

Kochanleitung:

Die Hälfte der Milch in einem kleinen Topf erhitzen, Grieß zufügen und aufkochen. Bei schwacher Hitze unter ständigem Rühren 3 Min. ausquellen lassen. Den Topf vom Herd nehmen, nach und nach die übrige Milch mit dem Schneebesen unterschlagen und den Brei in ein Schälchen geben. Die Butter und die zermuste Banane zufügen. Für Erwachsene kann eine Prise Zimt darübergestreut werden.

3.40 Grießklößchen mit Mascarpone und Erdbeersoße

Lindert Schmerzen und Entzündungen, leicht abführend, schont die Verdauungsorgane, entgiftet, wirkt bei Appetitlosigkeit, Blähungen, Darmentzündung, Fettsucht, Gicht, Magengeschwür, Magenkrämpfen, Rheuma, Sodbrennen und Zwölffingerdarmgeschwüren.

Anzahl Portionen: 3
Kalorien p. Portion 331
Gramm p. Portion 355
Kochdauer ca. 25 Min.
Allergene: AG
(Kohlehydrat:62% / Eiweiß & Fett:38%)
100g.≈ Eiweiß 9,72g. Fett:14,94g.
µg. - Ph:7,34 Na:2,6 Ka:15,7 Mg:1,52 Ca:7,48 Fe:0,08 Zn:0,03 Col.:0,51 Hsr.:2,62

Zutaten:
Kuhmilch (1,5 % Fett) 400 ml / 400g. (ja)
Weizen Gries 70g / 70g. (ja)
Zimtpulver 1 Prise / 0,5g. (empfehlenswert)
Zitrone Schale 1 Prise / 1g. (ja)
Honig 1 TL / 3g. (ja)
Vanilleschote 1 Prise / 0,5g. (empfehlenswert)
Mascarpone 80 g. / 80g. (ja)
Erdbeere 500 g. / 500g. (ja)
Honig 1 EL / 10g. (ja)

Kochanleitung:
Die Milch in einem kleinen Topf unter Rühren zum Kochen bringen.
Grieß, Zimt und Zitronenschale einrühren und unter Rühren in 6 Min.
einen dicken, festen Brei kochen. Grießbrei, Honig, Vanille und
Mascarpone mit dem Handmixer zu einer glatten Masse verrühren. Die
Masse im Kühlschrank erkalten lassen. Für die Soße Erdbeeren mit
Honig mixen. Ein paar Löffel Fruchtsoße auf einem großen Teller
verteilen. Mit 2 Esslöffeln Klößchen aus der Grießmasse abstechen (um
das Ankleben zu verhindern, immer wieder in kaltem Wasser abspülen).
Die Klößchen auf den Fruchtspiegel setzen. Besonders schön sieht es
aus, wenn das Dessert noch mit ein paar Beeren und Kräuterblättchen
(z.B. Zitronenmelisse) garniert wird.

3.41 Grießsuppe mit Gemüse

Senkt Blutdruck, stärkt Immunsystem, beugt Krebs vor, stärkt Magen,
löst Stagnation, fördert Gewichtsabnahme. Gut bei Abwehrschwäche,
Appetitlosigkeit, Blähungen, Bluthochdruck, Depressionen, Diabetes,
Durchfall, Rheuma, Sodbrennen, Zwölffingerdarmgeschwü

Anzahl Portionen: 3
Kalorien p. Portion 106
Gramm p. Portion 237,7
Kochdauer ca. 20 Min.
Allergene: AGL
(Kohlehydrat:85,32% / Eiweiß & Fett:14,68%)
100g.≈ Eiweiß 2,38g. Fett:4,25g.
µg. - Ph:8,65 Na:9,11 Ka:25,61 Mg:28,49 Ca:112,45 Fe:0,33 Zn:0,03 Col.:0 Hsr.:5,1

Zutaten:
Grundrezept für eine Gemüsebrühe 1/2 Liter / 500g. (empfehlenswert)
Weizen Gries 2 EL / 20g. (ja)
Liebstöckel 1/2 TL / 2g. (empfehlenswert)
Basilikum (frisch) 1/2 TL / 1g. (empfehlenswert)
Muskatnuss 1 Prise / 0,1g. (empfehlenswert)

Karotte (Mohrrübe, Möhre) 100 g. / 100g. (empfehlenswert)
Sellerie Knolle 50 g. / 50g. (empfehlenswert)
Sahne, süß 30% 3 EL / 30g. (wenig)
Petersilie 1 EL / 10g. (empfehlenswert)

Kochanleitung:
Grieß ohne Fett in einer Pfanne anrösten. Kleingeschnittene Karotten und Sellerie kurz mitrösten. Mit der Gemüsesuppe aufgießen, mit Liebstöckel und Muskatnuss würzen und 10 Min. köcheln lassen. Vor dem Servieren die Sahne einrühren und mit Petersilie garnieren.

3.42 Grundrezept für eine Fischbrühe

Kräftigt Nieren, harntreibend, senkt Blutdruck, bakterizid, stärkt Immunsystem, beugt Krebs vor, reduziert Strahlenverletzungen, fördert Durchblutung, ist cholesterinarm, eiweißreich und regt Appetit an.

Anzahl Portionen: 5
Kalorien p. Portion 128
Gramm p. Portion   243,8
Kochdauer ca.   40 min.
Allergene: DLO
(Kohlehydrat:33,81% / Eiweiß & Fett:66,19%)
100g.≈ Eiweiß 9,81g. Fett:5,2g.
µg. - Ph:14,91 Na:7,09 Ka:31,5 Mg:2,39 Ca:4,63 Fe:0,11 Zn:0,02 Col.:0,01 Hsr.:11,94

Zutaten:
Fischstücke gemischt (Süßwasser) 300 g. / 300g. (empfehlenswert)
Sellerie Knolle 120 g. / 120g. (empfehlenswert)
Lauch (Porree) 5 cm / 10g. (wenig)
Karotte (Mohrrübe, Möhre) 2 Stück / 150g. (empfehlenswert)
Weißwein 1/8 Liter / 125g. (wenig)
Zitrone 1/2 Stück / 50g. (ja)
Lorbeerblatt 2 Blätter / 2g. (empfehlenswert)
Pfeffer Körner 3 Stück / 2g. (wenig)
Olivenöl 1 EL / 10g. (ja)
Wasser 1/2 Liter / 450g. (ja)

Kochanleitung:
Kleingeschnittenen Sellerie, Karotten und Lauch in Olivenöl andünsten, Lorbeerblatt und Pfefferkörner zugeben, Fischstücke zufügen und kurz mitdünsten. Mit Wasser ablöschen, wenig Weißwein oder Zitrone zugeben und 30 Min. leise köcheln lassen. Mehrmals den entstehenden Schaum abschöpfen. Am Ende die Zutaten durch ein Sieb abseihen.

3.43 Grundrezept für eine Hühnerbrühe

Stärkt Blut, baut Milz und Magen auf, stärkt Knochenmark, senkt Blutdruck, bakterizid, stärkt Immunsystem, beugt Krebs vor, reduziert Strahlenverletzungen, fördert Schwitzen, löst Stagnation. Gut bei Appetitlosigkeit und Blähungen.

Anzahl Portionen: 9
Kalorien p. Portion 90
Gramm p. Portion 244,89
Kochdauer ca. 2-3 Stunden
Allergene: L
(Kohlehydrat:10,44% / Eiweiß & Fett:89,56%)
100g.≈ Eiweiß 15,69g. Fett:11,57g.
µg. - Ph:7,72 Na:5,27 Ka:16,86 Mg:1,2 Ca:3,41 Fe:0,1 Zn:0 Col.:0,25 Hsr.:8,27

Zutaten:
Huhn Fleisch 1/2 Stück / 600g. (ja)
Karotte (Mohrrübe, Möhre) 2 Stück / 150g. (empfehlenswert)
Lauch (Porree) 1 Stange / 45g. (wenig)
Sellerie Knolle 1 Stück / 500g. (empfehlenswert)
Ingwer frisch 2 Scheiben / 2g. (empfehlenswert)
Bockshornklee 1 TL / 2g. (ja)
Wacholderbeere 1 TL / 3g. (ja)
Lorbeerblatt 3 Stück / 2g. (empfehlenswert)
Wasser 1 Liter / 900g. (ja)

Kochanleitung:
Hühnerteile von Fett befreien, in einen Topf mit heißem Wasser geben, kurz aufkochen lassen und entstehenden Schaum abschöpfen. Grob geschnittenes Gemüse und alle Gewürze zugeben und 2-3 Std. bei mittlerer Hitze kochen, dann alles abseihen. Tipp: Wenn Sie das Fleisch als Suppeneinlage verwenden möchten, bereits nach 45 Min. herausnehmen und nur die Knochen in der Suppe lassen.

3.44 Grundrezept für eine nahrhafte Gemüsebrühe

Senkt Blutdruck und Blutfett, bakterizid, stärkt Immunsystem, beugt Krebs vor, stärkt Magen, löst Stagnation, fördert Gewichtsabnahme, hilft bei Appetitlosigkeit, Depressionen, Diabetes, Durchfall.

Anzahl Portionen: 5
Kalorien p. Portion 48
Gramm p. Portion 240,6
Kochdauer ca. 2-3 Stunden
Allergene: L
(Kohlehydrat:71,3% / Eiweiß & Fett:28,7%)
100g.≈ Eiweiß 1,57g. Fett:1,31g.
µg. - Ph:4,86 Na:3,67 Ka:25,68 Mg:1,8 Ca:6,32 Fe:0,1 Zn:0,01 Col.:0 Hsr.:2,78

Zutaten:
Olivenöl 1 EL / 4g. (ja)
Zwiebel weiss 1 Stück / 60g. (wenig)
Karotte (Mohrrübe, Möhre) 3 Stück / 200g. (empfehlenswert)
Pastinake 150 g. / 150g. (empfehlenswert)
Sellerie Knolle 1 Tasse / 100g. (empfehlenswert)
Ingwer frisch 1/2 TL / 2g. (empfehlenswert)
Zitrone 1/2 Stück / 25g. (ja)
Wacholderbeere 6 Stück / 6g. (ja)
Thymian getrocknet 1 Prise / 1g. (ja)
Liebstöckel 1 EL / 3g. (empfehlenswert)
Lorbeerblatt 2 Blätter / 1g. (empfehlenswert)
Salz 1 Prise / 1g. (wenig)
Wasser 3/4 Liter / 650g. (ja)

Kochanleitung:
Gemüse würfelig schneiden. Öl in einem Topf erhitzen, die Zwiebel und
das Gemüse darin anbraten, Ingwer und Lorbeer zugeben. Mit kaltem
Wasser aufgießen, Zitronensaft zufügen und mit Wacholder, Thymian
und Liebstöckel würzen. 2-3 Std. auf kleiner Stufe zugedeckt köcheln
lassen. Brühe durch ein Sieb streichen und im Kühlschrank
aufbewahren. Sie dient als Suppengrundlage und verfeinert Gemüse,
Hülsenfrüchte oder Getreide.

3.45 Grundrezept für eine Reissuppe (Congee)

Niedriger Fettgehalt, zur Entwässerung des Körpers bei Übergewicht
und Bluthochdruck.
Anzahl Portionen: 3
Kalorien p. Portion 140
Gramm p. Portion 273,33
Kochdauer ca. 2-4 Stunden
(Kohlehydrat:89,71% / Eiweiß & Fett:10,29%)
100g.≈ Eiweiß 2,96g. Fett:0,48g.
µg. - Ph:5,85 Na:0,58 Ka:5,02 Mg:3,41 Ca:1,72 Fe:0,03 Zn:0,02 Col.:0 Hsr.:6,34

Zutaten:
Reis Sorte beliebig 1 Tasse / 120g. (ja)
Wasser 6 Tassen / 700g. (ja)

Kochanleitung:
Man kocht Reis und Wasser in einem Verhältnis von etwa 1:6. Die
Menge des Wassers bestimmt die Dicke des Breis (reine
Geschmackssache). Der Reis quillt unwahrscheinlich auf, nehmen Sie

also nicht viel. Geben Sie den Reis in einen Topf mit einem schweren Deckel. Wichtig ist, den Reis nach kurzem Aufkochen nur auf kleinster Stufe köcheln zu lassen, da er sonst anbrennt. Kochen Sie den Reis 2-4 Stunden. Je länger er kocht, desto stärkender wirkt er. Wenn Sie das Gericht zum Frühstück essen möchten, können Sie den Reis auch kurz vor dem Zubettgehen aufsetzen. Sicherheitshalber sollten Sie vorher einmal unter Beobachtung für eine ähnlich lange Zeit das Verhalten Ihres Topfes und Herdes prüfen, damit nichts anbrennt.

3.46 Gurkensalat

Gurke kühlt und befeuchtet, entgiftet, unterdrückt Umwandlung von Zucker in Fett, senkt Cholesterinspiegel, beugt Krebs vor, ist harntreibend. Dill wirkt gegen Blähungen, ist krampflösend bei Magen-Darm-Beschwerden.

Anzahl Portionen: 2
Kalorien p. Portion 27
Gramm p. Portion 206
Kochdauer ca. 5 min.
Allergene: O
(Kohlehydrat:68% / Eiweiß & Fett:32%)
100g.≈ Eiweiß 1,61g. Fett:0,4g.
µg. - Ph:5,92 Na:2,32 Ka:35,15 Mg:2,16 Ca:4,03 Fe:0,12 Zn:0,05 Col.:0 Hsr.:1,94

Zutaten:

Gurke 1 Stück / 400g. (empfehlenswert)
Salz 1 Prise / 1g. (wenig)
Dill 1 Prise / 1g. (empfehlenswert)
Essig (Apfelessig) 1 EL / 10g. (ja)

Kochanleitung:

Bio-Gurke mit Schale, konventionelle Gurke schälen, dünn schneiden und würzen.

3.47 Gurkensuppe

Kühlt und befeuchtet, harntreibend, entgiftend, unterdrückt Umwandlung von Zucker in Fett, senkt Cholesterinspiegel, beugt Krebs vor, fördert Verdauung, schweißtreibend, reduziert Wind.

Anzahl Portionen: 4
Kalorien p. Portion 96
Gramm p. Portion 235,38
Kochdauer ca. 20 min.
Allergene: M
(Kohlehydrat:22,18% / Eiweiß & Fett:77,82%)
100g.≈ Eiweiß 0,92g. Fett:9,03g.
µg. - Ph:2,67 Na:1,28 Ka:15,59 Mg:1,17 Ca:2,57 Fe:0,06 Zn:0,01 Col.:0 Hsr.:0,85

Zutaten:
Olivenöl 2 EL / 35g. (ja)
Gurke 2 Stück / 400g. (empfehlenswert)
Wasser 1/2 Liter / 500g. (ja)
Salbei 3 Blätter / 3g. (ja)
Senf 1/2 TL / 0,5g. (ja)
Koriander 1 Prise / 1g. (empfehlenswert)
Kardamom 1 Prise / 1g. (empfehlenswert)
Salz 1 Prise / 1g. (wenig)

Kochanleitung:
Öl erhitzen und die klein geschnittenen Gurken kurz darin anbraten.
Senfkörner, Koriander, Kardamom und Salz dazugeben und kurz
mitbraten. Mit dem Wasser übergießen und 10-15 Min. köcheln lassen.
Pürieren und mit frisch gehacktem Salbei garnieren.

3.48 Haferflockensuppe mit Frühlingszwiebeln und Karotten

Senkt Blutdruck, ist bakterizid, stärkt Immunsystem, beugt Krebs vor,
reduziert Strahlenverletzungen, regt Verdauung an, reduziert
Schmerzen, fördert Appetit, löst Stagnation.
Anzahl Portionen: 3
Kalorien p. Portion   135
Gramm p. Portion   266,33
Kochdauer ca.   30 min.
Allergene: AG
(Kohlehydrat:64,93% / Eiweiß & Fett:35,07%)
100g.≈ Eiweiß 3,87g. Fett:5,6g.
µg. - Ph:11,02 Na:3,09 Ka:23,66 Mg:4,24 Ca:7,66 Fe:0,29 Zn:0,05 Col.:0,5 Hsr.:4,9

Zutaten:
Hafer 6 EL / 48g. (ja)
Karotte (Mohrrübe, Möhre) 2 Stück / 200g. (empfehlenswert)
Butter Bio 1 EL / 15g. (ja)
Muskatnuss 1 Prise / 1g. (empfehlenswert)
Liebstöckel 1 Stiel / 15g. (empfehlenswert)
Zwiebel Frühlingszwiebel 2 Stück / 40g. (wenig)
Wasser 1/2 Liter / 480g. (ja)

Kochanleitung:
Haferflocken in Butter anrösten, Salz und Gewürze zugeben, mit
Wasser aufgießen und aufkochen lassen. Nach 10 Min. die geriebenen
Karotten und den Liebstöckel zufügen und weitere 10 Min. kochen.
Zwiebeln fein schneiden und dazugeben.

3.49 Heidelbeermus

Heidelbeeren wirken abführend, Nelken lösen Stagnation, Zimtpulver erwärmt Magen und Milz. Baut Blut auf, fördert Durchblutung und Leitbahnfluss.

Anzahl Portionen: 1
Kalorien p. Portion 11
Gramm p. Portion 271,1
Kochdauer ca. 10 Min.
(Kohlehydrat:78,35% / Eiweiß & Fett:21,65%)
100g.≈ Eiweiß 0,2g. Fett:0,32g.
µg. - Ph:0,98 Na:1,01 Ka:5,56 Mg:1,09 Ca:6 Fe:0,06 Zn:0,1 Col.:0 Hsr.:1,48

Zutaten:
Heidelbeere 20 g. / 20g. (ja)
Zimtpulver 1 Prise / 0,1g. (empfehlenswert)
Nelke 1 Stück / 1g. (ja)
Wasser 1/4 Liter / 250g. (ja)

Kochanleitung:
Heidelbeeren mit Zimt und Nelke im Wasser 10 Min. kochen. Zimt und Nelke entfernen, pürieren und nach Wunsch süßen.

3.50 Heidelbeer-Quark mit Acaipulver

Hilft bei Körperschwäche, Magendruck, Aufstoßen, Diabetes, akuter oder chronischer Verstopfung und Hautproblemen. Abführend, baut Blut auf, antibakteriell, antioxidativ.

Anzahl Portionen: 2
Kalorien p. Portion 237
Gramm p. Portion 242
Kochdauer ca. 10 Min.
Allergene: GH
(Kohlehydrat:32% / Eiweiß & Fett:68%)
100g.≈ Eiweiß 14,74g. Fett:27,03g.
µg. - Ph:25,9 Na:5,29 Ka:26,12 Mg:2,29 Ca:18,01 Fe:0,1 Zn:0,08 Col.:2,07 Hsr.:2,23

Zutaten:
Heidelbeere 200 g / 200g. (ja)
Orangensaft 2 EL / 10g. (empfehlenswert)
Ahornsirup 1 EL / 5g. (empfehlenswert)
Mandeln 1 EL / 5g. (ja)
Topfen (Quark) 20% 250 g. / 250g. (ja)
Zucker Ursüße (Zuckerrohr) süß 1 EL / 9g. (wenig)
Acaipulver 2 TL / 5g. (empfehlenswert)
Zimtpulver 1 Prise / 0,5g. (empfehlenswert)

Kochanleitung:
Die Heidelbeeren in einem Sieb abbrausen und vorsichtig trocken tupfen. Mit Orangensaft und Ahornsirup beträufeln und das Acaipulver unterrühren. Die Mandelstifte in einer Pfanne ohne Fett goldbraun rösten, bis sie duften und auf einem Teller abkühlen lassen. Mit etwas Zimt bestäuben. Quark und Zucker glatt rühren. Abwechselnd mit den marinierten Heidelbeeren in Gläser schichten und mit den Mandelsplittern garnieren.

3.51 Herzhafter Polentabrei

Stärkt Milz und Magen, harntreibend, fördert Verdauung, entgiftet, treibt Schweiß, reduziert Blutfett, regt an, löst Stagnation, fördert Appetit.

Anzahl Portionen: 2
Kalorien p. Portion 262
Gramm p. Portion   207,5
Kochdauer ca.   10 Min.
Allergene:
(Kohlehydrat:80% / Eiweiß & Fett:20%)
100g.≈ Eiweiß 5,65g. Fett:5,94g.
µg. - Ph:6,71 Na:0,73 Ka:11,2 Mg:2,2 Ca:2,17 Fe:0,09 Zn:0,05 Col.:0 Hsr.:2,46

Zutaten:
Mais Gries (Polenta) 1 Tasse / 120g. (ja)
Zwiebel Frühlingszwiebel 2 Stück / 40g. (wenig)
Ingwer frisch 1/2 TL / 2g. (empfehlenswert)
Muskatnuss 1 Prise / 1g. (empfehlenswert)
Salz 1 Prise / 1g. (wenig)
Olivenöl 1 EL / 10g. (ja)
Kurkuma (Gelbwurz) 1 Prise / 1g. (empfehlenswert)
Wasser 2 Tassen / 240g. (ja)

Kochanleitung:
Polenta in kochendes Wasser einrühren und quellen lassen. Frühlingszwiebel, geriebenen Ingwer, Kurkuma, Muskat, Salz und Olivenöl zugeben und weiter ziehen lassen.

3.52 Huhn nach italienischer Art

Fördert Durchblutung, antioxidativ. Huhn: stärkt Blut, Muskeln und Knochenmark. Basmatireis: zur Entwässerung des Körpers bei Übergewicht und Bluthochdruck.

Anzahl Portionen: 4
Kalorien p. Portion 410
Gramm p. Portion 403,12
Kochdauer ca. 1 Stunde
Allergene: M
(Kohlehydrat:24,29% / Eiweiß & Fett:75,71%)
100g.≈ Eiweiß 41,52g. Fett:42,42g.
µg. - Ph:29,59 Na:5,63 Ka:36,76 Mg:6,07 Ca:4,32 Fe:0,36 Zn:0,02 Col.:2,04 Hsr.:26,05

Zutaten:

Olivenöl 3 EL / 30g. (ja)
Huhn Fleisch 1 Stück (in 8 Stücke geteilt) / 700g. (ja)
Knoblauch 3 Zehen / 5g. (empfehlenswert)
Rosmarin 1/2 TL / 2g. (ja)
Salz 1 Prise / 1g. (wenig)
Pfeffer gemahlen 1 Prise / 0,5g. ()
Wasser 1/4 Liter / 20g. (ja)
Reis Basmatireis 1 Tasse / 120g. (ja)
Wasser 6 Tassen / 400g. (ja)
Salz 1 Prise / 1g. (wenig)
Kopfsalat 1 Stück / 300g. (ja)
Olivenöl 2 EL / 20g. (ja)
Zitrone Saft 1/4 Stück / 7g. (ja)
Senf 1 Prise / 3g. (ja)
Salz 1 Prise / 1g. (wenig)
Honig 1 Prise / 2g. (ja)

Kochanleitung:

In einer schweren Pfanne (mit Deckel) 1 EL Olivenöl bei niedriger Temperatur erhitzen. Die Hühnerteile hineingeben und ein paar Minuten anbraten. Sobald sie anfangen, Farbe anzunehmen, die restlichen 2 EL Olivenöl und den Knoblauch zugeben. Die Geflügelteile im Öl wenden und mit Rosmarin, Salz und Pfeffer würzen. Etwas Wasser aufgießen und zum Kochen bringen. Die Wärmezufuhr drosseln, den Deckel auflegen und das Huhn 35 bis 45 Min. schmoren. Dazwischen immer wieder nachsehen, ob noch genügend Garflüssigkeit vorhanden ist und bei Bedarf jeweils 1 bis 2 EL Wasser zugießen. Sobald sich das Fleisch vom Knochen löst, die Hühnerteile auf die Teller verteilen, den Bratenrückstand in der Schmorpfanne mit einigen EL Wasser oder Wein ablöschen und als Soße über dem Fleisch verteilen. In der

Zwischenzeit den Reis in einem Topf mit der sechsfachen Menge gesalzenem Wasser bei geringer Hitze kochen. Den Salat waschen, trocken schleudern, kleinzupfen und in einer Schüssel anrichten. In einer kleinen Schüssel das Olivenöl, Zitronensaft, etwas Senf, Salz und Honig gut verrühren und mit dem Salat vermischen.

3.53 Hühnersuppe mit Eigelb und Petersilie

Stärkt Blut, Knochenmark, Immunsystem und Sehkraft, baut Milz und Magen auf, senkt Blutdruck, bakterizid, harmonisiert Leber und Milz, entgiftet. Petersilie regt Leberfunktion an.

Anzahl Portionen: 2
Kalorien p. Portion 118
Gramm p. Portion 260
Kochdauer ca. 10 Min.
Allergene: CL
(Kohlehydrat:82,37% / Eiweiß & Fett:17,63%)
100g.≈ Eiweiß 16,35g. Fett:2,49g.
µg. - Ph:13,95 Na:17,66 Ka:18 Mg:49,59 Ca:138,8 Fe:0,55 Zn:0,05 Col.:6,53 Hsr.:4,43

Zutaten:
Grundrezept für eine Hühnerbrühe wärmend 1/2 Liter / 500g. (ja)
Huhn Eigelb 1 Stück / 10g. (wenig)
Petersilie 1 EL / 10g. (empfehlenswert)

Kochanleitung:
Brühe erhitzen und das Eigelb darin verquirlen. Die gehackte Petersilie drüberstreuen und ca. 2 Min. ziehen lassen und dann in kleinen Schlucken trinken.

3.54 Hühnersuppe mit Grünkern, Petersilie und Sake

Stärkt Blut, baut Milz und Magen auf, stärkt Knochenmark, senkt Blutdruck, bakterizid, stärkt Immunsystem, regt Leberfunktion an, entgiftet, fördert Durchblutung, verbessert Medikamentenwirkung, regt Appetit an.

Anzahl Portionen: 2
Kalorien p. Portion 150
Gramm p. Portion 273
Kochdauer ca. 1 1/2 Stunden
Allergene: AL
(Kohlehydrat:84% / Eiweiß & Fett:16%)
100g.≈ Eiweiß 17,19g. Fett:1,3g.
µg. - Ph:9,83 Na:8,28 Ka:15,94 Mg:25,41 Ca:66,21 Fe:0,3 Zn:0,08 Col.:0,45 Hsr.:3,87

Zutaten:
Grundrezept für eine Hühnerbrühe 1/2 Liter / 500g. (ja)
Grünkern 4 EL / 30g. (ja)
Petersilie 2 EL / 14g. (empfehlenswert)
Sake 1 Schuss / 2g. (ja)

Kochanleitung:
Die Zutaten in der erhitzten Suppe 10 Min. ziehen lassen.

3.55 Hüttenkäse mit gedünstetem Obst

Gut bei Appetitlosigkeit, Schluckstörungen, schwacher Verdauung,
harntreibend.
Anzahl Portionen: 2
Kalorien p. Portion 215
Gramm p. Portion   250
Kochdauer ca.   20 Min.
Allergene: G
(Kohlehydrat:40,48% / Eiweiß & Fett:59,52%)
100g.≈ Eiweiß 18,45g. Fett:6,4g.
µg. - Ph:44,6 Na:114,5 Ka:50,9 Mg:3,7 Ca:25,6 Fe:0,11 Zn:0,09 Col.:0,64 Hsr.:3

Zutaten:
Hüttenkäse 300 g. / 300g. (ja)
Apfel (sauer) 1 Stück / 100g. (empfehlenswert)
Birne 1 Stück / 100g. (empfehlenswert)

Kochanleitung:
Äpfel und Birnen gut waschen, mit Schale klein schneiden und in einem
Topf mit Dämpfsieb bissfest garen. Herausnehmen und auskühlen
lassen. Hüttenkäse anrichten und Obst darauf verteilen.

3.56 Italienische Gemüse-Bohnen-Suppe

Fördert Verdauung, hilft Fett zu verdauen, harntreibend, senkt
Blutdruck, regt Blutproduktion und Stoffwechsel an, baut Fett ab, wirkt
bakterizid, stärkt Immunsystem.
Anzahl Portionen: 4
Kalorien p. Portion 204
Gramm p. Portion   265,25
Kochdauer ca.   1 Stunde
Allergene: L
(Kohlehydrat:35% / Eiweiß & Fett:65%)
100g.≈ Eiweiß 12,31g. Fett:5,92g.
µg. - Ph:6,03 Na:1,24 Ka:20,36 Mg:1,96 Ca:2,61 Fe:0,03 Zn:0,01 Col.:0 Hsr.:2,21

Zutaten:
Butterbohnen weiße 200 g. / 200g. (ja)
Zwiebel Schalotte 1 Stück / 20g. (wenig)
Karotte (Mohrrübe, Möhre) 1 Stück / 70g. (empfehlenswert)
Olivenöl 2 EL / 20g. (ja)
Tomate 2 Stück / 80g. (empfehlenswert)
Sellerie Knolle 10 dag. / 100g. (empfehlenswert)
Weißkohl/Weißkraut 7 dag. / 70g. (wenig)
Endiviensalat 5 dag. / 50g. (ja)
Salz 1 Prise / 1g. (wenig)
Pfeffer gemahlen 1 Prise / 0,2g. ()
Wasser 1/2 Liter / 450g. (ja)

Kochanleitung:
Bohnen einweichen und 30 Min. kochen. Zwiebel, Karotte und Sellerie
kleingeschnitten in Bratöl andünsten. Tomaten und Wasser zugeben
und alles 30 Min. köcheln. In Streifen geschnittenen Weißkohl,
Endiviensalat sowie die gekochten Bohnen hineingeben und mit Salz,
Pfeffer und Olivenöl abschmecken.

3.57 Japanische Algensuppe

Nährt Nieren-Yin, kühlt Hitze, löst Verhärtungen. Senkt Blutdruck,
bakterizid, stärkt Immunsystem, beugt Krebs vor, reduziert
Strahlenverletzungen, fördert Verdauung, entgiftet und stimuliert das
Immunsystem.
Anzahl Portionen: 3
Kalorien p. Portion 47
Gramm p. Portion 261,67
Kochdauer ca. 20 Min.
(Kohlehydrat:70% / Eiweiß & Fett:30%)
100g.≈ Eiweiß 3,01g. Fett:0,64g.
µg. - Ph:3,46 Na:14,26 Ka:12,31 Mg:1,31 Ca:2,98 Fe:0,08 Zn:0,03 Col.:0 Hsr.:1,16

Zutaten:
Wakame 25 g. / 25g. (ja)
Wasser 1/2 Liter / 450g. (ja)
Zwiebel Schalotte 1-2 Stk. / 30g. (wenig)
Rettich (weiß, grün, lila-rot) 50 g. / 50g. (ja)
Karotte (Mohrrübe, Möhre) 2 Stück / 180g. (empfehlenswert)
Miso 2 EL / 20g. (ja)
Petersilie 2 EL / 20g. (empfehlenswert)
Zwiebel Frühlingszwiebel 1 EL geschnitten / 10g. (wenig)

Kochanleitung:

Wakame einige Minuten in Wasser einweichen, herausnehmen und das Wasser zum Kochen bringen. Fein geschnittene Zwiebeln und in feine Streifen geschnittene Wakame, Rettich und Karotten zugeben und weitere 10 Min. köcheln. Miso in etwas abgekühltem Kochwasser lösen und am Ende dazugeben. Mit Petersilie und Frühlingszwiebeln bestreuen.

3.58 Kardamomwasser

Nährt Knochen und Sehnen, wärmt Nieren und Milz, stärkt Magen, löst Blähungen, kontrolliert übermäßigen Harndrang, hilft bei Verdauungsschwäche.

Anzahl Portionen: 4
Kalorien p. Portion 16
Gramm p. Portion 254,5
Kochdauer ca. 20 min.
Allergene:
(Kohlehydrat:76,79% / Eiweiß & Fett:23,21%)
100g.≈ Eiweiß 0,52g. Fett:0,31g.
µg. - Ph:0,77 Na:0,33 Ka:4,75 Mg:1,21 Ca:1,8 Fe:0,05 Zn:0,01 Col.:0 Hsr.:0

Zutaten:

Kardamom 2 EL / 18g. (empfehlenswert)
Wasser 1 Liter / 1000g. (ja)

Kochanleitung:

Kardamomkapseln in einem Mörser fein zerstoßen. Mit 1 l Wasser aufkochen und 10 Min. bei mittlerer Hitze leise köcheln lassen. Kardamomwasser durch ein Sieb in Gläser füllen und heiß servieren.

3.59 Karotten- Reisschleimsuppe

Gegen Durchfall, bei Fieber, stärkt Immunsystem, senkt Blutdruck.

Anzahl Portionen: 1
Kalorien p. Portion 101
Gramm p. Portion 224
Kochdauer ca. 10 Min.
Allergene:
(Kohlehydrat:96% / Eiweiß & Fett:4%)
100g.≈ Eiweiß 2,37g. Fett:0,4g.
µg. - Ph:27,48 Na:20,34 Ka:65,63 Mg:170,89 Ca:178,57 Fe:1,03 Zn:0,34 Col.:0 Hsr.:12,3

Zutaten:

Grundrezept für eine Reissuppe 1 Tasse / 120g. (empfehlenswert)
Karotte (Mohrrübe, Möhre) 2 Stück / 100g. (empfehlenswert)
Salz 1 TL / 4g. (wenig)

Kochanleitung:
Karotten schälen und reiben. Die Reissuppe aufkochen und die
geriebenen Karotten sowie Salz zufügen. 10 Min. kochen.

3.60 Karotten-Kartoffel-Rucola Brötchen

Lindert Entzündungen, verbessert Verdauung, harntreibend, senkt
Cholesterinspiegel, stärkt Immunsystem, beugt Krebs vor, löst
Verstopfung (ballaststoffreich), löst Stagnation.

Anzahl Portionen: 4
Kalorien p. Portion 94
Gramm p. Portion 116,25
Kochdauer ca. 20 Min.
Allergene: AG
(Kohlehydrat:55% / Eiweiß & Fett:45%)
100g.≈ Eiweiß 2,68g. Fett:2,83g.
µg. - Ph:4,15 Na:4,56 Ka:16,7 Mg:1,23 Ca:1,78 Fe:0,06 Zn:0,03 Col.:0,25 Hsr.:1,27

Zutaten:
Kartoffel (mehlige) 200 g / 200g. (empfehlenswert)
Karotte (Mohrrübe, Möhre) 1 Stück / 50g. (empfehlenswert)
Sauerrahm 15% Fett 3 EL / 45g. (ja)
Zwiebel Frühlingszwiebel 1 Stück / 20g. (wenig)
Rucola Rauke 1/2 Bund / 100g. ()
Zitrone Schale 1/4 TL / 1g. (ja)
Salz 1 Prise / 1g. (wenig)
Pfeffer gemahlen 1 Prise / 0,2g. ()
Vollkornbrot 8 Scheiben / 48g. (empfehlenswert)

Kochanleitung:
Kartoffeln in der Schale weich kochen, abziehen und durch die
Kartoffelpresse drücken. Gemüsebrühe nach Grundrezept kochen und
eine Karotte nach kurzer Garzeit herausnehmen und mit der Gabel fein
zerdrücken. Kartoffeln, Karotten, abgeriebene Zitronenschale und
Sauerrahm zu einer glatten Creme verrühren. Karotten-Kartoffel-Creme
mit fein geschnittenem Rucola verrühren. Den Aufstrich mit Salz und
Pfeffer abschmecken und die Brote bestreichen. Mit den fein
geschnittenen Jungzwiebeln bestreuen.

3.61 Karotten-Risotto

Stärkt Immunsystem, beugt Krebs vor, löst Stagnation, regt Leberfunktion an. Gut bei Appetitlosigkeit, Blähungen, Bluthochdruck, Depressionen, Diabetes, Durchfall.

Anzahl Portionen: 2
Kalorien p. Portion 308
Gramm p. Portion 340,8
Kochdauer ca. 45 Min.
Allergene: GL
(Kohlehydrat:83,67% / Eiweiß & Fett:16,33%)
100g.≈ Eiweiß 8,5g. Fett:5,99g.
µg. - Ph:27,11 Na:19,13 Ka:58,22 Mg:32,31 Ca:116,16 Fe:0,67 Zn:0,11 Col.:0,3
Hsr.:14,66

Zutaten:
Olivenöl 1/2 EL / 5g. (ja)
Zwiebel Frühlingszwiebel 2 EL / 7g. (wenig)
Muskatnuss 1 Prise / 0,3g. (empfehlenswert)
Petersilie 1/2 Bund / 25g. (empfehlenswert)
Reis Sorte beliebig 100 g. / 100g. (ja)
Karotte (Mohrrübe, Möhre) 250 g. / 250g. (empfehlenswert)
Grundrezept für eine Gemüsebrühe nahrhaft 300 ml. / 280g. (empfehlenswert)
Fenchelsamen gemahlen 1/4 TL / 1g. (empfehlenswert)
Basilikum (frisch) 1/2 TL / 2g. (empfehlenswert)
Salz 1 Prise / 1g. (wenig)
Pfeffer gemahlen 1 Prise / 0,3g. ()
Parmesan 1 EL / 10g. (wenig)

Kochanleitung:
In einer flachen Pfanne das Öl erhitzen, die Zwiebeln darin glasig und sehr weich dünsten. Petersilie zugeben und kurz andünsten. Reis, Karotten und Muskat zufügen und unter Rühren kurz andünsten. Mit der Gemüsebrühe aufgießen, mit Fenchel und Basilikum würzen, alles zum Kochen bringen und ca. 20 Min. kochen, bis Reis und Karotten gut durch sind. Dabei ab und zu umrühren und bei Bedarf etwas Gemüsebrühe nachgießen. Das Risotto soll leicht suppig sein. Kurz vor Ende der Garzeit den Weißwein untermischen und das Risotto noch kurz aufköcheln lassen, dann vom Herd nehmen und Parmesan untermischen.

3.62 Kartoffel-Basilikumsuppe

Lindert Entzündungen, fördert Verdauung, harntreibend, senkt Cholesterinspiegel und Blutdruck, bakterizid, stärkt Immunsystem, beugt Krebs vor, reduziert Strahlenverletzungen, antioxidativ, löst Stagnation.

Anzahl Portionen: 4
Kalorien p. Portion 96
Gramm p. Portion   330,12
Kochdauer ca.   25 min.
Allergene: L
(Kohlehydrat:68,68% / Eiweiß & Fett:31,32%)
100g.≈ Eiweiß 3,24g. Fett:2,99g.
µg. - Ph:7,65 Na:13,39 Ka:52,12 Mg:2,43 Ca:11,65 Fe:0,11 Zn:0,01 Col.:0 Hsr.:7,59

Zutaten:
Wasser 500 ml / 450g. (ja)
Kartoffel 4 Stück / 200g. (empfehlenswert)
Karotte (Mohrrübe, Möhre) 2 Stück / 100g. (empfehlenswert)
Sellerie Knolle 1 Stück / 500g. (empfehlenswert)
Pfeffer gemahlen 1 Prise / 0,5g. ()
Kümmel 1 Prise / 1g. (ja)
Knoblauch 1 Zehe / 3g. (empfehlenswert)
Salz 1 Prise / 1g. (wenig)
Zitrone 1 TL / 3g. (ja)
Basilikum (frisch) 1 Bund / 50g. (empfehlenswert)
Paprika (Rosenpaprikapulver) 1 Prise / 1g. (ja)
Zucker Ursüße (Zuckerrohr) süß 1 Prise / 1g. (wenig)
Olivenöl 1 EL / 10g. (ja)

Kochanleitung:
4 mittelgroße Kartoffeln, 2 mittelgroße Karotten und 1 Stück Knollensellerie geschält und kleingeschnitten in heißes Wasser geben und zusammen mit einer Prise Pfeffer und Salz, einer Prise gemahlenem Kümmel, einer kleinen zerdrückten Knoblauchzehe und 1 TL Zitronensaft köcheln, bis das Gemüse weich ist. Von 1 Bund Basilikum (fein gehackt) eine Hälfte in die Suppe geben und alles pürieren. Die andere Hälfte anschließend unterrühren und mit Rosenpaprika, einer Prise Vollrohrzucker, 1 EL Olivenöl oder Butter, frisch gemahlenem Pfeffer und Salz abschmecken.

3.63 Kartoffelcreme mit Kräuter-Frischkäse

Gut bei Appetitlosigkeit, Schluckstörungen, Verstopfung, Blähungen und Übelkeit. Verbessert Verdauung, harntreibend, beugt Krebs vor, stärkt Magensaftproduktion, löst Stagnation, entkrampft und beruhigt.

Anzahl Portionen: 2
Kalorien p. Portion 217
Gramm p. Portion 218,5
Kochdauer ca. 25 Min.
Allergene: G
(Kohlehydrat:14% / Eiweiß & Fett:86%)
100g.≈ Eiweiß 8,76g. Fett:11,22g.
µg. - Ph:18,66 Na:18,04 Ka:73,64 Mg:4,87 Ca:13,9 Fe:0,13 Zn:0,09 Col.:4,84 Hsr.:2,24

Zutaten:
Kartoffel (mehlige) 250 g. / 250g. (empfehlenswert)
Frischkäse 80 g. / 80g. (ja)
Joghurt (natur, 1,5 % Fett) 3 EL / 45g. (ja)
Lauchzwiebel Schnittlauch 1/2 Bund / 50g. (ja)
Basilikum (frisch) 1 TL / 4g. (empfehlenswert)
Petersilie 1 TL / 4g. (empfehlenswert)
Dill 1/2 TL / 2g. (empfehlenswert)
Salz 1 Prise / 1g. (wenig)
Schwarzkümmel 1 Prise / 0,5g. (ja)
Pfeffer gemahlen 1 Prise / 0,5g. ()

Kochanleitung:
Kartoffeln in der Schale weich kochen, abziehen und durch die Kartoffelpresse drücken. Frischkäse, Joghurt und Kräuter unter die Kartoffeln mischen und mit Salz, zerstoßenem Schwarzkümmel und Pfeffer abschmecken.

3.64 Kartoffel-Gnocchi mit Gemüse und Basilikumsoße

Stärkt Immunsystem, fördert Gewichtsabnahme, entkrampft, beruhigt. Gut bei Abwehrschwäche, Appetitlosigkeit, Blähungen, Bluthochdruck.

Anzahl Portionen: 4
Kalorien p. Portion 166
Gramm p. Portion 290,25
Kochdauer ca. 1 Stunde
Allergene: ACGL
(Kohlehydrat:75% / Eiweiß & Fett:25%)
100g.≈ Eiweiß 6,54g. Fett:4,63g.
µg. - Ph:3,26 Na:1,11 Ka:13,57 Mg:2,45 Ca:9,39 Fe:0,06 Zn:0,02 Col.:1,36 Hsr.:1,49

Zutaten:
Kartoffel 250 g. / 250g. (empfehlenswert)
Weizen Mehl 25 g. / 25g. (ja)
Weizen Gries 15 g. / 15g. (ja)
Huhn Eigelb 1 Stück / 20g. (wenig)
Muskatnuss 1 Prise / 0,2g. (empfehlenswert)
Grundrezept für eine Gemüsebrühe 250 ml. / 250g. (empfehlenswert)
Sellerie Knolle 50 g. / 50g. (empfehlenswert)
Zitrone Schale 1/2 TL / 2g. (ja)
Ingwer frisch 1/2 TL / 2g. (empfehlenswert)
Muskatnuss 1 Prise / 0,2g. (empfehlenswert)
Basilikum (frisch) 1 Bund / 125g. (empfehlenswert)
Creme fraiche 1 EL / 20g. (ja)
Salz 1 Prise / 1g. (wenig)
Pfeffer gemahlen 1 Prise / 0,2g. ()
Karotte (Mohrrübe, Möhre) 100 g. / 100g. (empfehlenswert)
Zucchini 100 g. / 100g. (empfehlenswert)
Blumenkohl (Karfiol) 100 g. / 100g. (wenig)
Brokkoli 100 g. / 100g. (empfehlenswert)
Salz 1 Prise / 1g. (wenig)

Kochanleitung:
Kartoffeln in der Schale weich dämpfen, abziehen und heiß durch die
Kartoffelpresse drücken. Die heißen Kartoffeln mit Mehl, Grieß, Ei,
Muskat und Salz zu einem glatten Teig verarbeiten. Teig 3o Min. ruhen
lassen. Aus dem Teig mit mehlbestäubten Händen kleine Röllchen (2
cm) formen und davon 1 cm dünne Scheibchen abschneiden. Damit die
typische Gnocchiform entsteht, die Teigscheibchen mit dem Daumen
etwas eindellen. Gnocchi in leicht kochendem Salzwasser 6-8 Min.
ziehen lassen und mit dem Schaumlöffel aus dem Topf heben.
Gemüsebrühe zum Kochen bringen. Würfelig geschnittenen Sellerie,
geriebene Zitronenschale, feingehackten Ingwer und eine gute Prise
Muskat zufügen. Zugedeckt ca. 10 Min. köcheln lassen und alles
zusammen mit gehacktem Basilikum und der Crème fraîche mit dem
Mixstab zu einer glatten Soße pürieren. Mit Salz und Muskat
abschmecken. Karotten, Zucchini, Blumenkohl und Brokkoli
kleinschneiden und zugedeckt in einem Siebeinsatz über Wasserdampf
in 8 Min. bissfest garen. Soße nochmals erhitzen, zum Gemüse geben
und über den Gnocchi anrichten.

3.65 Kartoffeln mit Quark-Soße

Verbessert Verdauung, harntreibend, senkt Cholesterinspiegel. Gut bei Körperschwäche, Magendruck, Aufstoßen, Diabetes, akute oder chronische Verstopfung des Darmes, Hautproblemen, gegen Blähungen, krampflösend bei Magen-Darm-Beschwerden.

Anzahl Portionen: 6
Kalorien p. Portion 413
Gramm p. Portion 323,33
Kochdauer ca. 45 Min.
Allergene: G
(Kohlehydrat:38% / Eiweiß & Fett:62%)
100g.≈ Eiweiß 18,46g. Fett:35,24g.
µg. - Ph:3,26 Na:1,14 Ka:7,47 Mg:0,69 Ca:2,52 Fe:0,01 Zn:0,02 Col.:0,18 Hsr.:0,32

Zutaten:

Kartoffel 1 Kg / 1000g. (empfehlenswert)
Topfen (Quark) 20% 500 g. / 500g. (ja)
Sahne, süß 30% 200 g / 200g. (wenig)
Edamer 80 g. / 80g. (wenig)
Dill 1 Bund / 100g. (empfehlenswert)
Maiskeimöl 1 TL / 3g. (ja)
Pfeffer gemahlen 1 Prise / 0,2g. ()
Salz 1/2 TL / 1g. (wenig)
Sonnenblumenkerne 40 g. / 40g. (wenig)

Kochanleitung:

Die Kartoffeln waschen und in reichlich Wasser ca. 20 Min. garen. Den Quark mit der Sahne und dem Käse cremig rühren. Die Sprossen waschen und fein hacken. Mit dem gehackten Dill unterrühren (für das Baby 150 g Quark mit dem Öl verrühren). Den Rest mit Pfeffer, Salz und den Sonnenblumenkernen verrühren. Die Kartoffeln schälen, (für das Baby 200 g) und mit dem Quark anrichten.

3.66 Kokosreis mit Kardamom

Nährend, leicht erwärmend, harntreibend. Senkt Blutzucker, regt Leberfunktion an, entgiftet. Gut bei Depressionen.

Anzahl Portionen: 4
Kalorien p. Portion 266
Gramm p. Portion 245,25
Kochdauer ca. 45 Min.
Allergene: GO
(Kohlehydrat:66% / Eiweiß & Fett:34%)
100g.≈ Eiweiß 3,82g. Fett:12,99g.
µg. - Ph:3,93 Na:0,39 Ka:8,97 Mg:2 Ca:1,15 Fe:0,04 Zn:0,02 Col.:0,31 Hsr.:1,18

Zutaten:
Reis Langkornreis 1 Tasse / 120g. (ja)
Wasser 6 Tassen / 400g. (ja)
Zucker Ursüße (Zuckerrohr) süß 1 EL / 10g. (wenig)
Kardamom 1 TL / 2g. (empfehlenswert)
Ingwer frisch 1/2 TL / 2g. (empfehlenswert)
Butter Bio 2 EL / 20g. (ja)
Kokosraspeln 2 EL / 16g. (ja)
Cashewnüsse 1 EL / 8g. (ja)
Rosinen 1 EL / 8g. (ja)
Salz 1 Prise / 0,5g. (wenig)
Zitrone 1/2 Stück / 15g. (ja)
Kürbis 300 g. / 300g. (empfehlenswert)
Olivenöl 2 EL / 20g. (ja)
Koriander 1 Prise / 0,2g. (empfehlenswert)
Pfeffer gemahlen 1 Prise / 0,2g. ()
Curry 1 Prise / 0,5g. (wenig)
Wasser 50 ml. / 50g. (ja)
Salz 1 Prise / 0,5g. (wenig)
Petersilie 1 EL / 8g. (empfehlenswert)
Kardamom 1 Prise / 0,2g. (empfehlenswert)
Kurkuma (Gelbwurz) 1 Prise / 0,2g. (empfehlenswert)

Kochanleitung:
Vorbereitung: Langkornreis in kaltem Wasser 1 Std. einweichen und
abtropfen lassen. Danach: Frisches Wasser zum Kochen bringen.
Etwas Vollrohrzucker, reichlich gemahlenen Kardamom oder einige
Kardamomkapseln, geriebenen Ingwer und den Reis ins heiße Wasser
geben und gar kochen. Separat: Etwas Butter in einem Topf erhitzen
und Kokosraspeln, Cashewkerne und Rosinen darin rösten. Den
gekochten Reis und etwas Salz dazugeben, mit Zitronensaft beträufeln,
alles vermengen und einige Minuten durchziehen lassen.
Kürbisgemüse: Olivenöl in einer Pfanne erwärmen. In Würfel
geschnittenen Kürbis darin andünsten und würzen mit Koriander,
Pfeffer und Curry. Mit wenig Wasser ablöschen und etwas Meersalz
zufügen. Klein geschnittene Petersilie dazugeben und mit Kardamom
und Kurkuma würzen. Auf kleiner Stufe ca. 10 Min. köcheln, je nach
Kürbisart; der Kürbis sollte noch bissfest sein.

3.67 Kompott aus Äpfeln

Apfel (süß) stoppt Durchfall, fördert Verdauung, regt Appetit an, harmonisiert Magen, erwärmt Magen und Milz, fördert Durchblutung.

Anzahl Portionen: 2
Kalorien p. Portion 67
Gramm p. Portion 220,5
Kochdauer ca. 10 Min.
(Kohlehydrat:95,64% / Eiweiß & Fett:4,36%)
100g.≈ Eiweiß 0,24g. Fett:0,46g.
µg. - Ph:2,81 Na:1,03 Ka:36,45 Mg:1,81 Ca:4,33 Fe:0,13 Zn:0,03 Col.:0 Hsr.:3,74

Zutaten:
Apfel (süß) 1 Stück / 220g. (empfehlenswert)
Wasser 2 Tassen / 220g. (ja)
Zimtpulver 1 Prise / 1g. (empfehlenswert)

Kochanleitung:
Bio-Apfel mit Schalen und Kernen klein geschnitten im Wasser weich kochen und mit Zimt bestreuen.

3.68 Kompott aus Heidelbeeren

Abführend, baut Blut auf, antibakterielle Wirkung, erwärmt Magen und Milz, fördert Durchblutung.

Anzahl Portionen: 1
Kalorien p. Portion 49
Gramm p. Portion 224
Kochdauer ca. 10 Min.
(Kohlehydrat:88% / Eiweiß & Fett:12%)
100g.≈ Eiweiß 0,7g. Fett:0,6g.
µg. - Ph:5,83 Na:0,99 Ka:32,83 Mg:1,45 Ca:9,02 Fe:0,32 Zn:0,1 Col.:0 Hsr.:8,93

Zutaten:
Heidelbeere 100 g. / 100g. (ja)
Wasser 1 Tasse / 120g. (ja)
Zimtpulver 1 Prise / 0,1g. (empfehlenswert)
Zitrone Schale 1 Prise / 1g. (ja)
Zucker Ursüße (Zuckerrohr) süß 1 TL / 3g. (wenig)

Kochanleitung:
Heidelbeeren weich kochen und mit Zucker, Zimt und geriebener Zitronenschale (bio) bestreuen.

3.69 Kürbiscurry

Fördert Verdauung und Schwitzen, löst Stagnation, reduziert Wind, stärkt Lunge und Milz, reduziert Blutzucker, stärkt Magen, Verdauungssystem, Muskeln und Knochen, ist harntreibend und entgiftend.

Anzahl Portionen: 3
Kalorien p. Portion 193
Gramm p. Portion 251
Kochdauer ca. 20 Min.
(Kohlehydrat:63% / Eiweiß & Fett:37%)
100g.≈ Eiweiß 2,72g. Fett:10,61g.
µg. - Ph:5,14 Na:0,86 Ka:16,34 Mg:2,68 Ca:2,29 Fe:0,06 Zn:0,02 Col.:0 Hsr.:1,54

Zutaten:
Kürbis 300 g. / 300g. (empfehlenswert)
Olivenöl 2 EL / 30g. (ja)
Koriander 1 Prise / 1g. (empfehlenswert)
Pfeffer gemahlen 1 Prise / 0,5g. ()
Curry 1 Prise / 1g. (wenig)
Wasser 50 ml / 50g. (ja)
Salz 1 Prise / 1g. (wenig)
Petersilie 1 EL / 7g. (empfehlenswert)
Kardamom 1 Prise / 1g. (empfehlenswert)
Kurkuma (Gelbwurz) 1 Prise / 1g. (empfehlenswert)
Reis Vollkorn 1/2 Tasse / 60g. (ja)
Wasser 3 Tassen / 300g. (ja)
Salz 1 Prise / 1g. (wenig)

Kochanleitung:
Olivenöl in einer Pfanne erhitzen, in Würfel geschnittenen Kürbis darin andünsten, mit Koriander, Pfeffer und Curry würzen und mit wenig Wasser ablöschen. Meersalz zufügen, klein geschnittene Petersilie zugeben und mit Kardamom und Kurkuma abrunden. Auf kleinem Feuer ca. 10 Min. je nach Kürbisart köcheln; er sollte noch bissfest sein. Den Reis in gesalzenem Wasser aufkochen und auf kleiner Stufe ca. 15 Min. quellen lassen.

3.70 Kürbis-Joghurt-Suppe

Befeuchtet, entspannt, senkt Blutdruck, stärkt Immunsystem, fördert Gewichtsabnahme. Gut bei Abwehrschwäche, Appetitlosigkeit, Blähungen, Depressionen, Diabetes, Durchfall.

Anzahl Portionen: 4
Kalorien p. Portion 68
Gramm p. Portion 239
Kochdauer ca. 15 Min.
Allergene: GL
(Kohlehydrat:82,83% / Eiweiß & Fett:17,17%)
100g.≈ Eiweiß 2,37g. Fett:1,31g.
µg. - Ph:7,17 Na:3,58 Ka:26,41 Mg:11,21 Ca:43,83 Fe:0,07 Zn:0,01 Col.:0,05 Hsr.:1,4

Zutaten:

Grundrezept für eine Gemüsebrühe nahrhaft 300 ml. / 300g. (empfehlenswert)
Hokkaidokürbis 500 g. / 500g. (empfehlenswert)
Ingwer frisch 1/2 TL / 2g. (empfehlenswert)
Fenchelsamen gemahlen 1/2 TL / 1g. (empfehlenswert)
Anis (gemeiner Fenchel) 1/4 TL / 1g. (empfehlenswert)
Joghurt (natur, 1,5 % Fett) 150 g. / 150g. (ja)
Pfefferminze 2 Blätter / 1g. (ja)
Salz 1 Prise / 1g. (wenig)

Kochanleitung:

Gemüsebrühe (nach Grundrezept) zum Kochen bringen. Gewürfelten Kürbis, kleingehackten Ingwer, zerstoßene Fenchelsamen und Anis dazugeben und Suppe zugedeckt ca. 12 Min. köcheln lassen, bis der Kürbis weich ist und dann vom Herd nehmen. Mit dem Mixstab die Suppe mit dem Joghurt fein pürieren und mit feingehackter Minze bestreut servieren.

3.71 Kürbisklößchen mit Tomaten-Petersiliensoße

Schont die Verdauungsorgane, beruhigt Nerven und Magen, hilft Fett zu verdauen, senkt Blutdruck, regt Leberfunktion an, löst Stagnation. Gut bei Appetitlosigkeit, Blähungen.

Anzahl Portionen: 2
Kalorien p. Portion 381
Gramm p. Portion 277,35
Kochdauer ca. 30 Min.
Allergene: ACG
(Kohlehydrat:60,39% / Eiweiß & Fett:39,61%)
100g.≈ Eiweiß 20,46g. Fett:11,68g.
µg. - Ph:70,8 Na:40,6 Ka:124,45 Mg:12,6 Ca:44,6 Fe:0,9 Zn:0,25 Col.:22,16 Hsr:24,25

Zutaten:
Hokkaidokürbis 100 g. / 100g. (empfehlenswert)
Huhn Ei 2 Stück / 120g. (wenig)
Weizen Mehl 100-150 g. / 120g. (ja)
Salz 1 Prise / 1g. (wenig)
Pfeffer gemahlen 1 Prise / 0,5g. ()
Muskatnuss 1 Prise / 0,2g. (empfehlenswert)
Zitrone Schale 1/2 TL / 2g. (ja)
Parmesan 2 EL / 20g. (wenig)
Zwiebel Frühlingszwiebel 2 Stück / 40g. (wenig)
Tomate 100 g. / 100g. (empfehlenswert)
Petersilie 1/2 Bund / 50g. (empfehlenswert)
Salz 1 Prise / 1g. (wenig)

Kochanleitung:
Kürbis mit einem scharfen Messer schälen, die Kerne entfernen und
das Fruchtfleisch in große Würfel schneiden. Kürbis in Alufolie wickeln
und im vorgeheizten Ofen bei 200 Grad 20 Min. backen. Eventuell
ausgetretenen Kürbissaft abgießen. Kürbis mit der Gabel fein
zerdrücken und mit den Eiern verrühren. So viel Mehl zugeben, bis ein
Teig entstanden ist, aus welchem sich Klößchen abstechen lassen. Die
Masse mit Zitronenschale, Salz, Pfeffer und Muskat würzen. Mit einem
Teelöffel kleine Klößchen abstechen und im kochenden Salzwasser ca.
7 Min. ziehen lassen. In einer Pfanne die Zwiebeln glasig rösten und die
Tomatenwürfel, Salz und die gehackte Petersilie kurz mit andünsten.
Kürbisklößchen portionsweise mit der Tomaten-Petersilien-Soße
anrichten und Parmesan dazu reichen.

3.72 Kürbis-Nockerl mit Parmesan und Petersiliensoße

Schont die Verdauungsorgane. Gut bei Appetitlosigkeit und Blähungen.
Beruhigt Nerven und Magen, hilft Fett zu verdauen, senkt Blutdruck,
regt Leberfunktion an, löst Stagnation.
Anzahl Portionen: 2
Kalorien p. Portion 431
Gramm p. Portion 268
Kochdauer ca. 30 Min.
Allergene: ACG
(Kohlehydrat:55% / Eiweiß & Fett:45%)
100g.≈ Eiweiß 21,09g. Fett:17,81g.
µg. - Ph:37,02 Na:24,39 Ka:48,4 Mg:5,97 Ca:23,01 Fe:0,36 Zn:0,26 Col.:23,2 Hsr.:11,93

Zutaten:
Hokkaidokürbis 100 g. / 100g. (empfehlenswert)
Huhn Ei 2 Stück / 120g. (wenig)
Weizen Mehl 100-150 g. / 120g. (ja)
Salz 1 Prise / 1g. (wenig)
Pfeffer gemahlen 1 Prise / 0,5g. ()
Muskatnuss 1 Prise / 0,2g. (empfehlenswert)
Zitrone Schale 1/2 TL / 2g. (ja)
Parmesan 2 EL / 20g. (wenig)
Zwiebel Frühlingszwiebel 2 Stück / 40g. (wenig)
Tomate 100 g. / 100g. (empfehlenswert)
Petersilie 1/4 Bund / 15g. (empfehlenswert)
Salz 1 Prise / 1g. (wenig)
Olivenöl 1 EL / 10g. (ja)
Parmesan 1 EL / 7g. (wenig)

Kochanleitung:
Den Kürbis mit einem scharfen Messer schälen, die Kerne entfernen
und das Fruchtfleisch in große Würfel schneiden. Kürbis in Alufolie
wickeln und im vorgeheizten Ofen bei 200 Grad 20 Min. backen.
Eventuell ausgetretenen Kürbissaft abgießen. Kürbis mit der Gabel fein
zerdrücken und mit den Eiern glatt rühren. So viel Mehl einrühren, dass
ein Teig entsteht, aus welchem sich Nockerl abstechen lassen. Die
Masse mit Zitronenschale, Salz, Pfeffer und Muskat würzen. Mit einem
Teelöffel kleine Nockerl abstechen und in kochendem Salzwasser ca. 7
Min. ziehen lassen. Petersilie fein hacken und mit Olivenöl und Salz
verrühren. Die Kürbis-Nockerl portionsweise mit der Petersiliensoße
anrichten. Dazu Parmesan reichen.

3.73 Kürbisschnitzel mit Gewürzreis

Stärkt Lunge und Milz, harntreibend, reduziert Blutzucker, schützt und
harmonisiert Leber, befeuchtet Darm, kühlt innere Hitze. Zur
Entwässerung des Körpers bei Übergewicht und Bluthochdruck.
Anzahl Portionen: 4
Kalorien p. Portion   438
Gramm p. Portion   260,52
Kochdauer ca.   45 Min.
Allergene: AG
(Kohlehydrat:59,16% / Eiweiß & Fett:40,84%)
100g.≈ Eiweiß 4,2g. Fett:27,78g.
µg. - Ph:19,2 Na:5,08 Ka:46,56 Mg:8,07 Ca:12,07 Fe:0,16 Zn:0,02 Col.:0,25 Hsr.:5,34

Zutaten:
Butterschmalz 1/2 EL / 5g. (wenig)
Safran 1 Briefchen / 0,1g. (empfehlenswert)
Kurkuma (Gelbwurz) 1 TL / 2g. (empfehlenswert)
Reis Basmatireis 1 Tasse / 120g. (ja)
Wasser 1 Tasse / 120g. (ja)
Salz 1/2 TL / 2g. (wenig)
Kürbis 6-8 Scheiben / 400g. (empfehlenswert)
Gerstenmehl 1 Tasse / 10g. (ja)
Brösel (Weizenbrot, Semmel) 1 Tasse / 10g. (ja)
Salz 1/2 TL / 2g. (wenig)
Pfeffer gemahlen 1 Prise / 1g. ()
Butter Bio 1 EL / 10g. (ja)
Sahne, süß 30% 1 1/2 Becher / 300g. (wenig)
Gerstenmehl 2 EL / 20g. (ja)
Lauchzwiebel Schnittlauch 3 EL / 20g. (ja)
Dill 3 EL / 20g. (empfehlenswert)

Kochanleitung:
Das Fett in einem kleinen Topf schmelzen, Safran und Kurkuma
hinzufügen und etwa 1-2 Min. bei mittlerer Hitze leicht rösten, damit die
Aromen sich entfalten (Achtung: Die Gewürze dürfen auf keinen Fall
verbrennen!). Den Reis zufügen und etwa 2 Min. unter ständigem
Rühren braten. Salzen, Wasser dazugießen, umrühren und den Topf
mit einem Deckel verschließen. Bei schwacher bis mittlerer Hitze
kochen lassen, bis das Wasser fast vollständig aufgesogen ist, dann
vom Herd nehmen und mit geschlossenem Deckel beiseite stellen und
quellen lassen. Nicht mehr umrühren! Wenn das Wasser vollständig
aufgesogen ist, ist der Reis fertig! Mehl, Semmelbrösel, Salz und
Pfeffer verrühren. Die Kürbisscheiben mit Wasser oder verrührtem Ei
anfeuchten, die Scheiben in der Mehlmischung wenden und vorsichtig
in Butter braten, bis sie goldbraun sind und der Kürbis weich ist. In
einem kleinen Topf die Butter schmelzen, Gerstenmehl darin bräunen
und vom Herd nehmen. Die saure Sahne einrühren, salzen, pfeffern
und die gehackten Kräuter unterziehen. Die Soße über die gebratenen
Kürbisscheiben geben. Dazu den Reis servieren.

3.74 Kürbissuppe

Fördert Verdauung, stärkt Magen und Milz, senkt Blutdruck, bakterizid, stärkt Immunsystem, beugt Krebs vor, reduziert Strahlenverletzungen, regeneriert Haut, senkt Cholesterinspiegel, senkt Blutzucker.

Anzahl Portionen: 3
Kalorien p. Portion 104
Gramm p. Portion   236,33
Kochdauer ca.   1 Stunde
(Kohlehydrat:71% / Eiweiß & Fett:29%)
100g.≈ Eiweiß 2,54g. Fett:3,64g.
µg. - Ph:4,02 Na:0,96 Ka:24,72 Mg:1,82 Ca:2,89 Fe:0,08 Zn:0,02 Col.:0 Hsr.:1,08

Zutaten:
Kürbis 300 g. / 300g. (empfehlenswert)
Karotte (Mohrrübe, Möhre) 2 Stück / 100g. (empfehlenswert)
Kartoffel 2 Stück / 120g. (empfehlenswert)
Olivenöl 1 EL / 10g. (ja)
Zwiebel weiss 1 Stück / 50g. (wenig)
Wasser 1 Tasse / 120g. (ja)
Petersilie 1 EL / 7g. (empfehlenswert)
Anis (gemeiner Fenchel) 1 Prise / 1g. (empfehlenswert)
Salz 1 Prise / 1g. (wenig)

Kochanleitung:
Olivenöl in einer Pfanne erhitzen. In Würfel geschnittenen Kürbis, gewürfelte Karotten und Kartoffeln dazugeben und kurz anbraten. Klein geschnittene Zwiebel zugeben, mit Wasser auffüllen (Gemüse mindestens drei fingerbreit bedecken), aufkochen und leise köcheln lassen. Mit Meersalz und einer Prise Anis würzen, klein geschnittene Petersilie dazugeben. Alles zusammen ca. 35 Min. köcheln lassen. Anschließend die Suppe pürieren und evtl. Wasser zugeben, je nach Konsistenz.

3.75 Kuzuwasser

Enthält viele Vitamine und Mineralstoffe. Zur Stärkung der Darmflora, besonders nach Antibiotikaeinnahme. Beruhigt die Magenschleimhaut und schützt den Magen.

Anzahl Portionen: 1
Kalorien p. Portion 7
Gramm p. Portion   122
Kochdauer ca.   5 Min.
Allergene:
(Kohlehydrat:99,17% / Eiweiß & Fett:0,83%)
100g.≈ Eiweiß 0g. Fett:0,01g.
µg. - Ph:0 Na:0,98 Ka:0 Mg:0,98 Ca:4,92 Fe:0,01 Zn:0,1 Col.:0 Hsr.:0

Zutaten:
Kuzu 1/2 TL / 2g. (ja)
Wasser 1 Tasse / 120g. (ja)

Kochanleitung:
Kuzu zerstoßen, mit lauwarmem Wasser aufgießen und kurz ziehen
lassen, bis eine milchige Flüssigkeit entsteht. Dann abseihen.

3.76 Lachs auf Tomaten-Spinat

Nährt und stärkt Blut, fördert Ausscheidung, fördert Durchblutung, stärkt
Magen-Darm-Funktion, lindert Entzündungen, regeneriert Haut,
harntreibend, senkt Cholesterinspiegel, fördert Schwitzen, löst
Stagnation.

Anzahl Portionen: 6
Kalorien p. Portion 365
Gramm p. Portion 354,58
Kochdauer ca. 1 Stunde
Allergene: D
(Kohlehydrat:27,24% / Eiweiß & Fett:72,76%)
100g.≈ Eiweiß 29,54g. Fett:29,9g.
µg. - Ph:19,28 Na:7,43 Ka:53,46 Mg:5,01 Ca:8,25 Fe:0,27 Zn:0,01 Col.:0,28 Hsr.:12,16

Zutaten:
Kartoffel 500 g. / 500g. (empfehlenswert)
Salz 1 Prise / 1g. (wenig)
Lachs 600 g. / 600g. (ja)
Rapsöl 2 TL / 24g. (ja)
Tomate 100 g. / 100g. (empfehlenswert)
Spinat 700 g. / 700g. (empfehlenswert)
Salz 1 Prise / 1g. (wenig)
Pinienkerne 4 EL / 40g. (wenig)
Lauch (Porree) 120 g. / 120g. (wenig)
Olivenöl 4 EL / 40g. (ja)
Salz 1 Prise / 1g. (wenig)
Pfeffer weiss (gemahlen) 1 Prise / 0,5g. (wenig)

Kochanleitung:
Kartoffeln schälen, würfelig schneiden und in Salzwasser gar kochen.
Den Lachs in Portionen schneiden und in einer Pfanne von beiden
Seiten, leicht mit Salz und Pfeffer gewürzt langsam und gleichmäßig
braten, später die Pinienkerne dazugeben und leicht anrösten. Spinat in
Salzwasser blanchieren, den klein geschnittenen Lauch mit etwas
Rapsöl leicht anschwitzen, den blanchierten Spinat dazugeben und

gleichmäßig erwärmen. Kurz vor dem Anrichten die halbierten Cocktailtomaten zum Spinat geben und das Gemüse gut mit Salz und Pfeffer abschmecken. Das Spinat-Lauch-Tomaten-Bett mit den Kartoffeln anrichten, den Lachs dazugeben und die gesalzenen Pinienkerne darauf streuen. Das Gericht mit wenig Olivenöl beträufeln und servieren.

3.77 Mango-Bananen-Joghurt-Drink eiskalt

Harntreibend, stärkt Magen, beugt Krebs vor, reguliert Magen-Darm-Funktion. Gut bei Appetitlosigkeit, Mundschleimhautentzündung, chronischer Verstopfung.

Anzahl Portionen: 2
Kalorien p. Portion 121
Gramm p. Portion 226
Kochdauer ca. 5 Min.
Allergene: G
(Kohlehydrat:86,93% / Eiweiß & Fett:13,07%)
100g.≈ Eiweiß 2,73g. Fett:1,05g.
µg. - Ph:15,94 Na:7,47 Ka:102,09 Mg:10,74 Ca:22,08 Fe:0,14 Zn:0,04 Col.:0,28 Hsr.:5,73

Zutaten:
Mangosaft 100 ml. / 100g. (empfehlenswert)
Joghurt (natur, 1,5 % Fett) 100 g. / 100g. (ja)
Mineralwasser 100 ml. / 100g. (ja)
Banane 1/2 Stück / 150g. (empfehlenswert)
Acerola Fruchtnektar oder Pulver 1 TL / 2g. (empfehlenswert)

Kochanleitung:
Alle Zutaten und 2-3 Eiswürfel im Mixer fein pürieren.

3.78 Marinierte Zucchini mit Räuchertofu

Lindert Blähungen, chronische Diarrhö, Magenblutung und Verdauungsstörungen. Wirkt entkrampfend und beruhigend, ist harntreibend.

Anzahl Portionen: 2
Kalorien p. Portion 132
Gramm p. Portion 291
Kochdauer ca. 30 Min.
Allergene: EL
(Kohlehydrat:38% / Eiweiß & Fett:62%)
100g.≈ Eiweiß 6,74g. Fett:8,13g.
µg. - Ph:9,58 Na:1,33 Ka:40,91 Mg:10,79 Ca:19,58 Fe:0,37 Zn:0,06 Col.:0 Hsr.:6,39

Zutaten:
Zucchini 400 g. / 400g. (empfehlenswert)
Salz 1 Prise / 1g. (wenig)
Zitrone Saft 2 EL / 15g. (ja)
Grundrezept für eine Gemüsebrühe nahrhaft 3 EL / 30g.
(empfehlenswert)
Olivenöl 1 EL / 10g. (ja)
Basilikum 2 EL / 10g. (empfehlenswert)
Oregano frisch 1/2 TL / 2g. (empfehlenswert)
Pfefferminze 1 TL / 4g. (ja)
Kapern (eingelegt) 1 EL / 8g. (ja)
Zitrone Schale 1/2 TL / 2g. (ja)
Soja Tofu geräuchert 100 g. / 100g. (ja)

Kochanleitung:
Ofen auf 200 Grad (Umluft 180) vorheizen. Ein Backblech mit
Backpapier belegen und die in Scheiben geschnittenen Zucchini
nebeneinander darauf legen. Zucchini im vorgeheizten Ofen 5 Min.
garen, umdrehen und noch weitere 5-6 Min. garen. Mit dem
Schneebesen Zitronensaft, Gemüsebrühe und Öl vermischen.
Basilikum, Oregano, Minze, gehackte Kapern und geriebene
Zitronenschale unterrühren und die Marinade mit Salz abschmecken.
Die heißen Zucchini mit der Marinade vermischen und abkühlen lassen.
Marinierte Zucchini mit Räuchertofu-Würfeln anrichten.

3.79 Marinierter Kabeljau auf Kürbispüree

Lindert Entzündungen, verbessert Verdauung, stärkt Milz, Lunge,
Magen und Nieren, harntreibend, reduziert Blutzucker, löst Stagnation.
Gut bei Verstopfung und Blähungen.

Anzahl Portionen: 4
Kalorien p. Portion 202
Gramm p. Portion   288,65
Kochdauer ca.   2 Stunden
Allergene: DG
(Kohlehydrat:49,4% / Eiweiß & Fett:50,6%)
100g.≈ Eiweiß 17,24g. Fett:5,13g.
µg. - Ph:21,61 Na:8,06 Ka:68,86 Mg:5,61 Ca:8,42 Fe:0,1 Zn:0,02 Col.:1,02 Hsr.:10,18

Zutaten:
Kartoffel 6 Stück / 400g. (empfehlenswert)
Kürbis 200 g / 200g. (empfehlenswert)
Zwiebel weiss 1 Stück / 50g. (wenig)
Oregano getrocknet 1/2 TL / 1g. (empfehlenswert)
Zitrone Saft 1/2 Stück / 15g. (ja)

Salz 1 Prise / 1g. (wenig)
Pfeffer gemahlen 1 Prise / 0,3g. ()
Creme fraiche 2 EL / 30g. (ja)
Joghurt (natur, 1,5 % Fett) 150 g. / 150g. (ja)
Oregano getrocknet 1/4 TL / 1g. (empfehlenswert)
Basilikum (frisch) 1/2 TL / 2g. (empfehlenswert)
Kabeljau 300 g. / 300g. (ja)
Salz 1 Prise / 1g. (wenig)
Pfeffer gemahlen 1 Prise / 0,3g. ()
Olivenöl 1 TL / 3g. (ja)

Kochanleitung:
Joghurt mit Oregano, Basilikum und Thymian vermischen. Fischfilets abwaschen, trockentupfen, in eine flache Form legen und mit der Marinade übergießen. 2 Std. im Kühlschrank durchziehen lassen. Kartoffeln in Salzwasser weich kochen und schälen. Gewürfelte Zwiebel in Öl glasig dünsten, den kleingewürfelten Kürbis zugeben und ca. 10 Min. braten. Oregano, Zitronensaft, Salz, Pfeffer und die Crème fraîche dazugeben und mit dem Mixstab pürieren. Fischfilets aus der Marinade nehmen, abtropfen lassen, trockentupfen und salzen. Eine beschichtete Grillpfanne mit 2 TL Öl bestreichen und die Fischfilets auf beiden Seiten je 3-4 Min. braten und mit den Kartoffeln auf dem Kürbispüree anrichten.

3.80 Misosuppe mit Tofu

Liefert Vitamine, Mineralien, Enzyme und sekundäre Pflanzenwirkstoffe. Alginsäure entgiftet den Darm, löst Stagnation. Belebt, entgiftet, stärkt das Immunsystem, fördert Verdauung, stärkt Magen, lindert Blähungen.

Anzahl Portionen: 3
Kalorien p. Portion 51
Gramm p. Portion 231,33
Kochdauer ca.   5 min.
Allergene: E
(Kohlehydrat:43,33% / Eiweiß & Fett:56,67%)
100g.≈ Eiweiß 4,44g. Fett:1,66g.
µg. - Ph:11,31 Na:58,1 Ka:19,06 Mg:5,88 Ca:7,16 Fe:0,06 Zn:0,01 Col.:0 Hsr.:3,33

Zutaten:
Wakame 1 Stück / 5g. (ja)
Miso 3-4 EL / 30g. (ja)
Soja Tofu 50 g. / 50g. (wenig)
Wasser 1/2 Liter / 500g. (ja)
Sojasauce 1 Schuss / 3g. (ja)
Zwiebel Frühlingszwiebel 1/2 EL / 6g. (wenig)

Kochanleitung:
Wasser, Sojakeimlinge, Wakamealge und in Würfel geschnittenen Tofu 5 Min. aufwärmen. Misopaste in Suppenteller geben und langsam mit heißer Suppe übergießen. Mit Tamari abschmecken. Eventuell Frühlingszwiebeln dazugeben.

3.81 Obstsaftgetränk

Stoppt Durchfall, fördert Verdauung, appetitanregend, harmonisiert Magen, lindert Schmerzen, entgiftet, bakterizid, senkt Blutdruck, stärkt Immunsystem, beugt Krebs vor, reduziert Strahlenverletzungen.
Anzahl Portionen: 2
Kalorien p. Portion 175
Gramm p. Portion 305
Kochdauer ca. 10 Min.
(Kohlehydrat:93% / Eiweiß & Fett:7%)
100g.≈ Eiweiß 1,89g. Fett:0,9g.
µg. - Ph:4,99 Na:2,24 Ka:37,45 Mg:2,36 Ca:6,04 Fe:0,21 Zn:0,05 Col.:0 Hsr.:4,3

Zutaten:
Orange 2 Stück / 150g. (ja)
Apfel (süß) 4 Stück / 300g. (empfehlenswert)
Karotte (Mohrrübe, Möhre) 2 Stück / 150g. (empfehlenswert)
Honig 1 EL / 10g. (ja)

Kochanleitung:
Orangen und Karotten schälen, alle Zutaten würfelig schneiden, damit sie in die Saftpresse passen und entsaften, mit Honig süßen.

3.82 Ofenkartoffeln mit Sellerie-Quark

Stärkt Milz, lindert Entzündungen, verbessert Verdauung, regeneriert die Haut, harntreibend, senkt Cholesterinspiegel.
Anzahl Portionen: 2
Kalorien p. Portion 304
Gramm p. Portion 398
Kochdauer ca. 30 Min.
Allergene: GL
(Kohlehydrat:52% / Eiweiß & Fett:48%)
100g.≈ Eiweiß 15,61g. Fett:24,04g.
µg. - Ph:19,06 Na:6,87 Ka:59,91 Mg:7,16 Ca:24,85 Fe:0,1 Zn:0,08 Col.:1,01 Hsr.:3,76

Zutaten:
Sellerie Knolle 80 g. / 80g. (empfehlenswert)
Grundrezept für eine Gemüsebrühe 100 ml. / 100g. (empfehlenswert)
Kümmel gemahlen 1 Prise / 0,2g. (empfehlenswert)

Zitrone Schale 1/2 TL / 1g. (ja)
Salz 1 Prise / 1g. (wenig)
Pfeffer gemahlen 1 Prise / 0,2g. ()
Zitrone Saft 1 TL / 3g. (ja)
Topfen (Quark) 20% 200 g. / 200g. (ja)
Creme fraiche 1/2 EL / 5g. (ja)
Kartoffel 6 Stück / 400g. (empfehlenswert)
Olivenöl 2 TL / 5g. (ja)
Salz 1 Prise / 1g. (wenig)

Kochanleitung:
Sellerie-Quark Sellerie in Gemüsebrühe (nach Grundrezept) mit
Kümmel und Zitronenschale zum Kochen bringen und zugedeckt ca. 8
Min. köcheln lassen, bis er weich und die Gemüsebrühe fast verdampft
ist. Dann alles mit Zitronensaft mit dem Mixstab fein pürieren, mit dem
Quark glatt rühren und mit Salz und Pfeffer abschmecken. Ofenkartoffel
: Den Ofen auf 200 Grad vorheizen. Kartoffeln gut abbürsten, längs
halbieren und mit der Schnittfläche nach oben nebeneinander auf ein
Backblech setzen. Schnittflächen leicht salzen, mit Öl beträufeln und im
Ofen ca. 25 Min. backen. Sellerie-Quark zu den Kartoffeln reichen.

3.83 Palatschinken mit Spinat und Parmesan

Fördert Ausscheidung und Durchblutung, stärkt Magen, Darm und
Immunsystem. Gut bei Appetitlosigkeit, Blähungen, Bluthochdruck,
Depressionen, Diabetes, Verstopfung, Darmentzündung.
Anzahl Portionen: 6
Kalorien p. Portion 329
Gramm p. Portion 303
Kochdauer ca. 25 Min.
Allergene: ACGL
(Kohlehydrat:46% / Eiweiß & Fett:54%)
100g.≈ Eiweiß 17,5g. Fett:18,52g.
µg. - Ph:3,27 Na:3,24 Ka:6,47 Mg:0,96 Ca:4,52 Fe:0,05 Zn:0,02 Col.:1,32 Hsr.:1,02

Zutaten:
Vollkornmehl 100 g. / 100g. (empfehlenswert)
Weizen Mehl 100 g. / 100g. (ja)
Huhn Ei 4 Stück / 200g. (wenig)
Kuhmilch (Vollmilch 3,5 % Fett) 400 ml. / 400g. (ja)
Salz 1 Prise / 1g. (wenig)
Sonnenblumenöl 1 EL / 15g. (ja)
Olivenöl 1 EL / 15g. (ja)
Zwiebel weiss 1 Stück / 50g. (wenig)
Petersilie 1/2 Bund / 80g. (empfehlenswert)

Grundrezept für eine Gemüsebrühe 150 ml. / 150g. (empfehlenswert)
Basilikum (frisch) 1/4 TL / 1g. (empfehlenswert)
Muskatnuss 1 Prise / 0,3g. (empfehlenswert)
Creme fraiche 3 EL / 45g. (ja)
Spinat 600 g. / 600g. (empfehlenswert)
Salz 1 Prise / 1g. (wenig)
Pfeffer gemahlen 1 Prise / 0,1g. ()
Parmesan 60 g. / 60g. (wenig)

Kochanleitung:
Mehl, Eier, Milch und eine Prise Salz mit dem Schneebesen glatt
rühren. Aus dem Teig Palatschinken auf beiden Seiten knusprig braun
braten. Öl in einem kleinen Topf erhitzen und kleingeschnittene Zwiebel
darin gut weich dünsten. Kleingehackte Petersilie unterrühren und kurz
mitdünsten. Mit der Gemüsebrühe (nach Grundrezept) aufgießen, mit
Basilikum und Muskat würzen und zugedeckt 15 Min. köcheln lassen.
Crème fraîche zugeben und alles fein pürieren. Den gewaschenen
tropfnassen Spinat mit etwas Salz in einem geschlossenen Topf bei
mäßiger Hitze 3 Min. kochen, in einem Sieb abtropfen lassen und in
kleine Stücke schneiden. Spinat in die Soße einrühren und kurz
erhitzen. Parmesan untermischen. Die Palatschinken mit dem
Rahmspinat füllen.

3.84 Paprika-Tomatenreis

Cholesterin-, eiweiß- und fettarm, stärkt Magen, löst Stagnation, fördert
Gewichtsabnahme. Gut bei Abwehrschwäche, Appetitlosigkeit,
Blähungen, Bluthochdruck, Diabetes, Depressionen.
Anzahl Portionen: 3
Kalorien p. Portion 291
Gramm p. Portion 324
Kochdauer ca. 25 Min.
Allergene: L
(Kohlehydrat:89% / Eiweiß & Fett:11%)
100g.≈ Eiweiß 7,63g. Fett:2,54g.
µg. - Ph:10,3 Na:1,31 Ka:15,5 Mg:9,5 Ca:22,5 Fe:0,14 Zn:0,06 Col.:0 Hsr.:4,12

Zutaten:
Zwiebel weiss 1 Stück / 50g. (wenig)
Paprika 4 stück / 120g. (empfehlenswert)
Lorbeerblatt 2 Stück / 1g. (empfehlenswert)
Nelke 2 Stück / 1g. (ja)
Grundrezept für eine Gemüsebrühe nahrhaft 400 g. / 400g.
(empfehlenswert)
Reis Vollkorn 200 g / 200g. (ja)

Champignon 60 g. / 60g. (ja)
Petersilie 20 g. / 20g. (empfehlenswert)
Pfeffer gemahlen 1 Prise / 0,2g. ()
Paprika (Rosenpaprikapulver) 1 Prise / 0,2g. (ja)
Tomate 120 g. / 120g. (empfehlenswert)

Kochanleitung:
Die Zwiebel fein würfeln und die Paprika in feine Streifen schneiden.
Margarine in einem Topf erhitzen, Zwiebel und Paprika sowie Reis
darin andünsten und mit der Gemüsebrühe aufgießen. Nelken und
Lorbeerblätter dazugeben und im geschlossenen Topf ca. 20 Min.
ausquellen lassen. Das Tomatenfleisch in 1 cm große Würfel schneiden
und 5 Min. vor Garzeitende zum Reis geben.

3.85 Petersilien-Cremesoße

Senkt Blutdruck, stärkt Immunsystem, stärkt Magen, löst Stagnation,
verbessert Verdauung, senkt Cholesterinspiegel, regt Leberfunktion an.
Anzahl Portionen: 2
Kalorien p. Portion 118
Gramm p. Portion   234
Kochdauer ca.   25 Min.
Allergene: GL
(Kohlehydrat:81% / Eiweiß & Fett:19%)
100g.≈ Eiweiß 2,91g. Fett:5,51g.
µg. - Ph:9,31 Na:4,41 Ka:34,59 Mg:20,78 Ca:79,47 Fe:0,2 Zn:0,07 Col.:1,12 Hsr.:1,84

Zutaten:
Grundrezept für eine Gemüsebrühe 300 g. / 300g. (empfehlenswert)
Kartoffel 100 g. / 100g. (empfehlenswert)
Petersilie 1 Bund / 15g. (empfehlenswert)
Muskatnuss 1 Prise / 0,5g. (empfehlenswert)
Koriander 1/2 TL / 1g. (empfehlenswert)
Sauerrahm 15% Fett 50 g. / 50g. (ja)
Fenchelsamen gemahlen 1/2 TL / 1g. (empfehlenswert)
Ingwer Pulver 1 Prise / 0,5g. (empfehlenswert)

Kochanleitung:
Gemüsebrühe (nach Grundrezept) mit geschälten, gewürfelten
Kartoffeln, der Hälfte der fein gehackten Petersilie und Muskat zum
Kochen bringen. Zugedeckt köcheln lassen, bis die Kartoffeln weich
sind. Mit dem Mixstab Gemüsebrühe, Kartoffeln, die restliche frisch
gehackte Petersilie, Fenchel, Ingwer und Sauerrahm zu einer glatten
Soße pürieren.

3.86 Polentaschnitte mit Ratatouille

Stärkt Magen und Milz, lässt Gallensaft fließen, harntreibend, fördert Verdauung, hilft Fett zu verdauen, senkt Blutdruck.

Anzahl Portionen: 4
Kalorien p. Portion 225
Gramm p. Portion 360,75
Kochdauer ca. 30 min
Allergene: G
(Kohlehydrat:66% / Eiweiß & Fett:34%)
100g.≈ Eiweiß 7,77g. Fett:7,86g.
µg. - Ph:2,23 Na:1,22 Ka:9,69 Mg:0,92 Ca:2,28 Fe:0,05 Zn:0,02 Col.:0,07 Hsr.:0,97

Zutaten:

Mais Gries (Polenta) 1 Tasse / 120g. (ja)
Wasser 2 Tassen / 240g. (ja)
Aubergine 1 Stück (große) / 200g. (empfehlenswert)
Zucchini 2 Stück / 500g. (empfehlenswert)
Zwiebel weiss 2 Stück / 120g. (wenig)
Tomate 4 Stück (passiert) / 200g. (empfehlenswert)
Olivenöl 2 EL / 20g. (ja)
Salz 1 Prise / 0,5g. (wenig)
Petersilie 1 EL gehackte / 8g. (empfehlenswert)
Thymian 1/2 TL / 1g. (ja)
Zwiebel Frühlingszwiebel 2 EL gehackte / 12g. (wenig)
Basilikum 4 Blätter / 2g. (empfehlenswert)
Parmesan 2 EL / 20g. (wenig)

Kochanleitung:

Wasser im Verhältnis 2:1 mit Salz und Öl zum Kochen bringen und Polenta unter ständigem Rühren einrieseln lassen. Vom Herd nehmen und 20 Min. quellen lassen. Inzwischen geschnittene Zwiebel in Topf mit heißem Öl anbraten. Gewürfelte Zucchini, Tomaten und Aubergine zugeben und ca. 20 Min. dünsten. Basilikum, Thymian und Salz dazugeben. Blech mit Öl bestreichen, Polenta gleichmäßig auftragen und warten, bis es fester wird. Die Ratatouille auf Polenta verteilen, portionieren und für einige Minuten in den Backofen schieben, je nach Geschmack mit geriebenem Parmesan. Mit frischer Petersilie und fein geschnittenen Frühlingszwiebeln bestreuen. Der wertvolle Tipp: Die Polentaschnitten sind ideal für unterwegs.

3.87 Putenrollen in Tomatenrahm

Verbessert Verdauung, senkt Cholesterinspiegel, stärkt Blut und
Knochenmark, baut Milz und Magen auf, kuriert Bluthochdruck, hilft Fett
zu verdauen, hilft gegen Blähungen und Übelkeit.

Anzahl Portionen: 2
Kalorien p. Portion 301
Gramm p. Portion 347
Kochdauer ca. 30 Min.
Allergene: G
(Kohlehydrat:28% / Eiweiß & Fett:72%)
100g.≈ Eiweiß 36,9g. Fett:8,02g.
µg. - Ph:27,65 Na:43,91 Ka:76,34 Mg:4,57 Ca:4,15 Fe:0,16 Zn:0,17 Col.:4,54 Hsr.:20,26

Zutaten:
Champignon 100 g. / 100g. (ja)
Pute Brustfleisch 200 g / 200g. (ja)
Pute Schinken 100 g. / 100g. (ja)
Olivenöl 2 TL / 6g. (ja)
Tomate 1 Stück / 60g. (empfehlenswert)
Sahne, süß 30% 2 EL / 20g. (wenig)
Knoblauch 1 Stück / 2g. (empfehlenswert)
Salz 1 Prise / 1g. (wenig)
Pfeffer gemahlen 1 Prise / 0,5g. ()
Basilikum (frisch) 1 EL / 5g. (empfehlenswert)
Kartoffel 200 g / 200g. (empfehlenswert)

Kochanleitung:
Kartoffeln in Salzwasser kochen und schälen. Das Putenfleisch in
Schnitzel schneiden und Champignons gründlich putzen, abreiben und
blättrig schneiden. Die Pilze und den gekochten Schinken auf die
Putenschnitzel verteilen, Schnitzel aufrollen, mit einem Zahnstocher
feststecken und von allen Seiten etwa 8-10 Min. in Öl anbraten, evtl.
etwas Flüssigkeit zugießen. Fleischtomate kurz in kochendes Wasser
tauchen, enthäuten, halbieren, Kerne entfernen und das Fruchtfleisch
würfeln. In die Pfanne geben und kurz mit andünsten. Sahne zu den
Putenröllchen und Tomatenstückchen geben und kurz aufkochen
lassen. Mit Knoblauch, Salz und Pfeffer abschmecken und die
Putenröllchen mit der Soße und frisch gehacktem Basilikum servieren.

3.88 Quinoa pikant + Avocado

Hilft bei Entzündungen, Schwellungen, Schmerzen und Juckreiz. Senkt Blutdruck, erweitert Blutgefäße, bakterizid, stärkt Immunsystem und Magen-Darm-Funktion.

Anzahl Portionen: 2
Kalorien p. Portion 561
Gramm p. Portion 378,5
Kochdauer ca. 20 min.
Allergene:
(Kohlehydrat:44% / Eiweiß & Fett:56%)
100g.≈ Eiweiß 10,4g. Fett:39,86g.
µg. - Ph:5,12 Na:1,44 Ka:55,12 Mg:3,42 Ca:2,97 Fe:0,12 Zn:0,06 Col.:0 Hsr.:3,69

Zutaten:
Wasser 2 Tassen / 240g. (ja)
Quinoa 1 Tasse / 100g. (ja)
Karotte (Mohrrübe, Möhre) 1 Stück geraspelt / 100g. (empfehlenswert)
Zwiebel Frühlingszwiebel 2 EL gehackte / 12g. (wenig)
Avocado 1 Stück weiche / 300g. (empfehlenswert)
Salz 1 Prise / 0,5g. (wenig)
Pfeffer gemahlen 1 Prise / 0,2g. ()
Leinöl 2 TL / 4g. (ja)

Kochanleitung:
Quinoa in heißes Wasser geben. Geraspelte Karotte, klein geschnittene Frühlingszwiebel sowie Kurkuma, Salz und Pfeffer dazugeben, 20 Min. köcheln lassen und beiseite stellen. Vorgeschnittene Avocado untermischen, einen Schuss Öl zugeben und mit frischer Petersilie und Gomasio bestreuen. Gewürze und Kräuter: Kurkuma, Kardamom, Kresse, Petersilie, Schnittlauch. Variation: Für die, die es deftiger mögen, kann auch eine Bio-Sardine aus der Konserve verwendet werden.

3.89 Reis mit Pastinake

Vitaminreich, Mineralstoffe Kalium und Zink. Bei Durchblutungsstörungen, Thrombose, Emboliegefahr, Bluthochdruck, Kopfschmerzen, Herzinfarkt, Schlaganfall, Hefepilzinfektionen.

Anzahl Portionen: 3
Kalorien p. Portion 206
Gramm p. Portion 261,33
Kochdauer ca. 45 Min.
(Kohlehydrat:78,37% / Eiweiß & Fett:21,63%)
100g.≈ Eiweiß 5,17g. Fett:4,53g.
µg. - Ph:20,16 Na:2,09 Ka:94,99 Mg:7,61 Ca:10,6 Fe:0,15 Zn:0,07 Col.:0 Hsr.:12,18

Zutaten:
Reis Sorte beliebig 1 Tasse / 120g. (ja)
Wasser 2 Tassen / 200g. (ja)
Salz 1 Prise / 1g. (wenig)
Pastinake 3-4 Stück / 450g. (empfehlenswert)
Olivenöl 1 EL / 10g. (ja)
Salbei 1 TL / 3g. (ja)

Kochanleitung:
Pastinake schälen und in Scheiben schneiden. Kurz in Öl anbraten.
Reis hinzugeben und kurz mitbraten. Mit Wasser übergießen und
mindestens 30 Min. lang kochen lassen. Mit etwas frischem gehacktem
Salbei bestreuen.

3.90 Reis-Congee mit Honigbirne und schwarzem Sesam

Fördert Verdauung, harntreibend, befeuchtet Darm. Gut bei
Durchblutungsstörungen, Thrombose, Emboliegefahr, Bluthochdruck,
Kopfschmerzen, Herzinfarkt und Schlaganfall.

Anzahl Portionen: 2
Kalorien p. Portion 159
Gramm p. Portion 271,5
Kochdauer ca. 10 Min. - 3 Stunden
Allergene: N
(Kohlehydrat:95,26% / Eiweiß & Fett:4,74%)
100g.≈ Eiweiß 2,44g. Fett:1,55g.
µg. - Ph:9,61 Na:0,87 Ka:36,88 Mg:70,3 Ca:68,61 Fe:0,18 Zn:0,06 Col.:0 Hsr.:5,76

Zutaten:
Grundrezept für eine Reissuppe (Congee) 2 Tassen / 240g.
(empfehlenswert)
Birne 2 Stück / 300g. (empfehlenswert)
Sesam, Schwarzer 1 TL / 3g. (empfehlenswert)

Kochanleitung:
Reis-Congee nach Grundrezept kochen oder vorbereiteten verwenden.
Topf mit 3 cm Wasser befüllen und aufkochen lassen. Birnen vierteln
(mit Haut und Kernen) und hineingeben und mit schwarzem Sesam 10
Min. zugedeckt köcheln lassen. Mit dem Reis mischen.

3.91 Reis-Congee mit Trockenfrüchten

Gut bei Durchblutungsstörungen, Durchfall, Fieber, Bluthochdruck, Kopfschmerzen, Husten. Zur Entwässerung des Körpers bei Übergewicht und Bluthochdruck, harntreibend.

Anzahl Portionen: 2
Kalorien p. Portion 210
Gramm p. Portion 304
Kochdauer ca. 10 Min.
Allergene: GO
(Kohlehydrat:95% / Eiweiß & Fett:5%)
100g.≈ Eiweiß 4,06g. Fett:2,65g.
µg. - Ph:5,99 Na:0,45 Ka:35,04 Mg:63,94 Ca:61,81 Fe:0,14 Zn:0,06 Col.:0,49 Hsr.:3,72

Zutaten:
Grundrezept für eine Reissuppe (Congee) 4 Tassen / 500g. (empfehlenswert)
Butter Bio 1/2 EL / 5g. (ja)
Aprikose getrocknet 6 EL / 50g. (ja)
Wasser 1/2 Tasse / 50g. (ja)
Ahornsirup 1 Schuss / 3g. (empfehlenswert)

Kochanleitung:
Reis-Congee nach Grundrezept kochen. Etwas Butter bei kleiner Flamme zerlassen und klein geschnittene Trockenfrüchte in ½ Tasse Wasser kurz dünsten. Die für die Mahlzeit gewünschte Menge an Reisbrei zugeben und erhitzen. Heiß servieren und bei Bedarf mit Ahornsirup nachsüßen. Variante: zusätzlich frisches Obst mit andünsten

3.92 Reis-Congee mit zerstoßenen Walnüssen

Gut bei: Durchblutungsstörungen, Durchfall, Fieber, Bluthochdruck, Kopfschmerzen. Zur Entwässerung des Körpers bei Übergewicht und Bluthochdruck. Löst Steine. Erwärmt Magen und Milz.

Anzahl Portionen: 2
Kalorien p. Portion 406
Gramm p. Portion 295
Kochdauer ca. 2 Stunden
Allergene: H
(Kohlehydrat:82% / Eiweiß & Fett:18%)
100g.≈ Eiweiß 7,9g. Fett:22,82g.
µg. - Ph:15,8 Na:0,24 Ka:17,23 Mg:68,48 Ca:64,13 Fe:0,14 Zn:0,12 Col.:0 Hsr.:2,22

Zutaten:
Grundrezept für eine Reissuppe 4 Tassen / 500g. (empfehlenswert)
Zucker Ursüße (Zuckerrohr) süß 2-3 EL / 20g. (wenig)
Walnüsse 1 Tasse / 70g. (wenig)
Zimtpulver 1 Prise / 0,2g. (empfehlenswert)

Kochanleitung:
Grundrezept für Reissuppe (Congee) kochen. Hinweis: Die Walnüsse
können von Anfang an mitgekocht werden. Variante: Nach Belieben mit
süßen oder pikanten Zutaten verfeinern. Insbesondere Zimt, Nelken
und Ingwer erhöhen die erwärmende Wirkung und die Bekömmlichkeit.

3.93 Reisnudelsuppe mit Shiitakepilzen

Sehr leicht und kräftigend zugleich, stärkt das Immunsystem.
Anzahl Portionen: 2
Kalorien p. Portion   65
Gramm p. Portion   173
Kochdauer ca.   20 Min.
Allergene: L
(Kohlenhydrat:86% / Eiweiß & Fett:14%)
100g.≈ Eiweiß 3,23g. Fett:1,3g.
µg. - Ph:13,08 Na:44,73 Ka:17,94 Mg:24,74 Ca:81,93 Fe:0,21 Zn:0,07 Col.:0 Hsr.:7,24

Zutaten:
Reisnudeln 2 Handvoll / 20g. (ja)
Shiitake, getrocknet 4-6 Stück / 5g. (ja)
Grundrezept für eine Gemüsebrühe nahrhaft 2 Tassen / 240g.
(empfehlenswert)
Chinakohl 1 Tasse / 60g. (empfehlenswert)
Liebstöckel 1 TL / 3g. (empfehlenswert)
Miso 2 EL / 18g. (ja)

Kochanleitung:
Reisnudeln und Shiitakepilze getrennt in kaltem Wasser einweichen.
Gemüsebrühe erhitzen und eingeweichte, in Streifen geschnittene
Shiitakepilze zugeben und leicht köcheln. Chinakohl nudelig schneiden,
Liebstöckelgrün und Reisnudeln zugeben und kurz ziehen lassen. Vor
dem Servieren in etwas abgekühltem Kochwasser gelöstes Miso
einrühren. Empfehlung: geeignet zu Beginn jeder Mahlzeit, auch als
Frühstück

3.94 Rettichgemüse mit Meerrettich

Regt Leberfunktion an, entgiftet, fördert Verdauung und Durchblutung, harntreibend, reduziert Durst, vertreibt Kälte.

Anzahl Portionen: 2
Kalorien p. Portion 196
Gramm p. Portion 286
Kochdauer ca. 30 Min.
Allergene: GNO
(Kohlehydrat:75% / Eiweiß & Fett:25%)
100g.≈ Eiweiß 4,42g. Fett:5,41g.
µg. - Ph:14,53 Na:2,41 Ka:52,61 Mg:6,65 Ca:11,86 Fe:0,3 Zn:0,11 Col.:0,84 Hsr.:5,46

Zutaten:
Butter Bio 1 EL / 8g. (ja)
Rettich (weiß, grün, lila-rot) 1/2 Stück / 50g. (ja)
Wasser 3 EL / 10g. (ja)
Zitrone Saft 2 EL / 20g. (ja)
Weißwein 2 EL / 20g. (wenig)
Paprika (Rosenpaprikapulver) 1 Prise / 0,2g. (ja)
Sesamöl 1 TL / 3g. (ja)
Rettich Meerrettich (Kren) 2-3 EL / 20g. (empfehlenswert)
Salz 1 Prise / 0,5g. (wenig)
Petersilie 1 Bund gehackte / 80g. (empfehlenswert)
Reis Langkornreis 1/2 Tasse / 60g. (ja)
Wasser 3 Tassen / 300g. (ja)
Salz 1 Prise / 0,5g. (wenig)

Kochanleitung:
Den in Stifte geschnittenen Rettich in heißer Butter andünsten, mit kaltem Wasser aufgießen und Zitronensaft, Weißwein, eine Prise Rosenpaprika und das Sesamöl unterrühren. Mit 2-3 EL frisch geriebenem Meerrettich (ersatzweise 1 TL aus dem Glas) und Salz abschmecken und gehackte Petersilie drüberstreuen. Reis in gesalzenem Wasser ca. 15 Min. gar kochen.

3.95 Rhabarber-Apfel-Grütze

Liefert Antioxidantien und viel Vitamin C. Führt ab, kühlt Hitze, lindert Schmerzen, entgiftet, bakterizid, erwärmt Magen und Milz, fördert Durchblutung.

Anzahl Portionen: 2
Kalorien p. Portion 180
Gramm p. Portion 276,5

Kochdauer ca.   15 Min.
(Kohlehydrat:95,59% / Eiweiß & Fett:4,41%)
100g.≈ Eiweiß 1,2g. Fett:0,58g.
µg. - Ph:14,75 Na:1,5 Ka:93,5 Mg:7,43 Ca:12,73 Fe:0,29 Zn:0,07 Col.:0 Hsr.:6,21

Zutaten:
Rhabarber 200 g / 200g. (ja)
Apfelsaft (Naturtrüb) 300 ml. / 300g. (empfehlenswert)
Maisstärke 30 g. / 30g. (ja)
Honig 20 g. / 20g. (ja)
Vanillezucker natur 1 Prise / 0,5g. (ja)
Zimtpulver 1 Prise / 0,5g. (empfehlenswert)
Pfefferminze 2 Blätter / 2g. (ja)

Kochanleitung:
Die Maisstärke mit ½ Tasse Apfelsaft glattrühren. Den Rhabarber mit
einer Tasse Wasser 10 Min. dünsten, den restlichen Apfelsaft zufügen,
mit der angerührten Stärke abbinden und nochmals aufkochen. Mit dem
Honig süßen und mit Vanille und Zimt würzen. Die Grütze auf
Dessertschälchen verteilen und mit Minze garnieren.

3.96 Schwarzwurzel mit Joghurt

Schwarzwurzeln regen Nieren, Blase und damit die Reinigung des
Körpers an. Sie stimulieren im physiologischen Sinne allgemein die
Drüsen im Organismus. Gut bei akuter oder chronischer Verstopfung
des Darmes. Liefern Vitamine und Spurenelemente.
Anzahl Portionen: 2
Kalorien p. Portion 319
Gramm p. Portion   304,5
Kochdauer ca.   20 min
Allergene: AG
(Kohlehydrat:76,55% / Eiweiß & Fett:23,45%)
100g.≈ Eiweiß 7,98g. Fett:2,08g.
µg. - Ph:45,41 Na:46,46 Ka:135,9 Mg:13,05 Ca:30,12 Fe:1,28 Zn:0,12 Col.:0,16
Hsr.:28,83

Zutaten:
Schwarzwurzel 1/2 Kg. / 400g. (empfehlenswert)
Joghurt (natur, 1,5 % Fett) 4 EL / 80g. (ja)
Kräuter verschiedene 1 EL / 8g. (ja)
Salz 1 Prise / 1g. (wenig)
Mehrkornbrot (Graubrot) 6 Scheiben / 120g. (ja)

Kochanleitung:
Schwarzwurzel schälen und in Salzwasser kochen bis sie weich sind.
Das Wasser wegschütten, Schwarzwurzel auskühlen lassen und klein
schneiden. Mit Joghurt übergießen und mit frischen Kräutern bestreuen.
Mit dem Mehrkornbrot servieren.

3.97 Sellerie-Kartoffel-Cremesuppe

Senkt Blutdruck, stärkt Immunsystem, fördert Gewichtsabnahme. Gut
bei Abwehrschwäche, Appetitlosigkeit, Blähungen, Depressionen,
Diabetes, Durchfall, Verdauungsschwäche.

Anzahl Portionen: 4
Kalorien p. Portion   113
Gramm p. Portion   241,5
Kochdauer ca.   45 Min.
Allergene: GL
(Kohlehydrat:83,35% / Eiweiß & Fett:16,65%)
100g.≈ Eiweiß 2,16g. Fett:5,52g.
µg. - Ph:5,96 Na:3,46 Ka:23,98 Mg:22,27 Ca:83,51 Fe:0,18 Zn:0,02 Col.:0 Hsr.:1,49

Zutaten:
Olivenöl 1 EL / 10g. (ja)
Zwiebel weiss 1/2 Stück / 25g. (wenig)
Grundrezept für eine Gemüsebrühe 700 ml. / 700g. (empfehlenswert)
Kartoffel 200 g / 200g. (empfehlenswert)
Muskatnuss 1 Prise / 0,5g. (empfehlenswert)
Kümmel 1 Prise / 0,5g. (ja)
Zitrone Schale 1/4 Stück / 1g. (ja)
Creme fraiche 2 EL / 20g. (ja)
Salz 1 Prise / 1g. (wenig)
Petersilie 1 EL / 8g. (empfehlenswert)

Kochanleitung:
Das Olivenöl in einem Topf leicht erhitzen und Zwiebelwürfel darin bei
milder Hitze ganz weich dünsten. Mit Gemüsebrühe (nach Grundrezept)
aufgießen und zugedeckt 15 Min. köcheln lassen. Kartoffelwürfel,
kleingeschnittenen Sellerie, Muskat, Kümmel und Zitronenschale
zugeben und zugedeckt weitere 12 Min. leicht kochen. Kartoffeln und
Sellerie sollen weich sein, aber nicht zerfallen. Zitronenschale
entfernen, mit dem Mixstab oder im Mixer die Suppe mit Crème fraîche
fein pürieren und mit Salz abschmecken. Suppe portionsweise mit der
kleingehackten Petersilie anrichten.

3.98 Selleriesaft

Mineral- und vitaminreich, stoffwechselfördernd und entwässernde Heilwirkung.

Anzahl Portionen: 1
Kalorien p. Portion 33
Gramm p. Portion 320,5
Kochdauer ca. 5 Min.
Allergene: L
(Kohlehydrat:61,11% / Eiweiß & Fett:38,89%)
100g.≈ Eiweiß 2,4g. Fett:0,4g.
µg. - Ph:30,19 Na:83,35 Ka:214,67 Mg:8,05 Ca:52,18 Fe:0,32 Zn:0,1 Col.:0 Hsr.:43,68

Zutaten:
Sellerie Knolle 1/2 Stück / 200g. (empfehlenswert)
Wasser 1 Tasse / 120g. (ja)
Salz 1 Prise / 0,5g. (wenig)

Kochanleitung:
Sellerieknolle schälen, in Stücke schneiden und entsaften. Mit Wasser mischen und nach Bedarf salzen.

3.99 Selleriesalat mit Zitrone und Olivenöl

Mineral- und vitaminreich, stoffwechselfördernd und entwässernd.

Anzahl Portionen: 1
Kalorien p. Portion 402
Gramm p. Portion 250
Kochdauer ca. 10 Min.
Allergene: L
(Kohlehydrat:13% / Eiweiß & Fett:87%)
100g.≈ Eiweiß 2,46g. Fett:40,28g.
µg. - Ph:39,12 Na:105,8 Ka:279,6 Mg:10,56 Ca:64,56 Fe:0,4 Zn:0,1 Col.:0,16 Hsr.:56,8

Zutaten:
Sellerie Knolle 1/2 Stück / 200g. (empfehlenswert)
Zitrone Saft 1/2 Stück / 10g. (ja)
Olivenöl 4 EL / 40g. (ja)

Kochanleitung:
Sellerieknolle schälen, in Stücke schneiden und reiben. Mit Zitronensaft und Olivenöl anrichten.

3.100 Süßkartoffelpuffer mit Basilikum-Pesto

Stärkt das Immunsystem, baut Fett ab, verbessert die Verdauung, beruhigt Nerven und Magen, löst Steine, fördert Durchblutung, stärkt Muskeln, antioxidativ.

Anzahl Portionen: 3
Kalorien p. Portion 625
Gramm p. Portion 298,67
Kochdauer ca. 30 Min.
Allergene: ACH
(Kohlehydrat:58% / Eiweiß & Fett:42%)
100g.≈ Eiweiß 15,5g. Fett:32,67g.
µg. - Ph:14,41 Na:8,52 Ka:39,8 Mg:4,23 Ca:5,79 Fe:0,17 Zn:0,11 Col.:6,88 Hsr.:2,11

Zutaten:
Süßkartoffel 4 Stück / 500g. (empfehlenswert)
Zwiebel rot 1/2 Stück / 30g. (wenig)
Basilikum 1 EL / 10g. (empfehlenswert)
Huhn Ei 2 Stück / 140g. (wenig)
Dinkel Vollkornmehl 80 g. / 80g. (ja)
Salz 1 Prise / 0,5g. (wenig)
Olivenöl 60 ml. / 20g. (ja)
Salz 1 TL (grobes) / 3g. (wenig)
Basilikum 1 Handvoll / 15g. (empfehlenswert)
Petersilie 1 Handvoll / 15g. (empfehlenswert)
Knoblauch 2 Zehen / 3g. (empfehlenswert)
Walnüsse 60 g. / 60g. (wenig)
Olivenöl 2 EL / 20g. (ja)

Kochanleitung:
Süßkartoffelpuffer: Die Süßkartoffel gründlich waschen und ungeschält in eine große Schüssel raspeln. Zwiebel, Basilikum, Ei und Mehl zugeben, alles gut miteinander vermengen und dann etwas Salz darüberstreuen. Die Mischung ist locker, lässt sich aber zu Puffern formen. Im vorgeheizten Ofen auf einem mit Öl bestrichenen Backblech von beiden Seiten jeweils 4 bis 5 Min. backen. Basilikum-Pesto: Salz, kleingehackten Basilikum und Petersilie sowie den zerdrückten Knoblauch in einer kleinen Schüssel mit einem Löffel verreiben (wenn vorhanden einen Mörser verwenden). Die geriebenen Walnüsse dazugeben. Unter ständigem Rühren soviel Olivenöl zumengen, bis die gewünschte Konsistenz erreicht wird.

3.101 Tee aus Anissamen

Anis (gemeiner Fenchel) fördert Verdauung, stärkt Magen und Milz.

Anzahl Portionen: 4
Kalorien p. Portion 3
Gramm p. Portion 125,75
Kochdauer ca. 15 Min.
(Kohlehydrat:51,11% / Eiweiß & Fett:48,89%)
100g.≈ Eiweiß 0,14g. Fett:0,12g.
µg. - Ph:0,71 Na:0,27 Ka:2,06 Mg:0,5 Ca:2,29 Fe:0 Zn:0,01 Col.:0 Hsr.:0

Zutaten:

Anis (gemeiner Fenchel) 1 TL / 3g. (empfehlenswert)
Wasser 1/2 Liter / 500g. (ja)

Kochanleitung:

Wasser zum Kochen bringen und beiseite stellen. Anis zugeben, 10 Min. ziehen lassen und durch ein Teesieb abgießen. Nach Geschmack mit Honig süßen. Um eine heilsame Wirkung zu erzielen, sollte man pro Tag 2 Tassen Anis-Tee trinken.

3.102 Tee aus Fenchel

Harmonisiert Magen, lindert Blähungen.

Anzahl Portionen: 4
Kalorien p. Portion 0
Gramm p. Portion 130
Kochdauer ca. 10 min
Allergene:
(Kohlehydrat:0% / Eiweiß & Fett:0%)
100g.≈ Eiweiß 0g. Fett:0g.
µg. - Ph:0 Na:0,24 Ka:0 Mg:0,24 Ca:1,2 Fe:0 Zn:0,01 Col.:0 Hsr.:0

Zutaten:

Fencheltee 2 EL / 20g. (empfehlenswert)
Wasser 1/2 Liter / 500g. (ja)

Kochanleitung:

Wasser zum Kochen bringen und beiseite stellen. Fencheltee dazugeben und 10 Min. ziehen lassen. Abseihen und nach Geschmack mit Honig süßen.

3.103 Tee aus Grüntee

Fördert Verdauung, harntreibend, löst Schleim, entgiftet, regt Nerven an, reduziert Blutfett, senkt Cholesterinspiegel, lindert Entzündungen.
Anzahl Portionen: 1
Kalorien p. Portion 3
Gramm p. Portion   122
Kochdauer ca.   10 Min.
(Kohlehydrat:20% / Eiweiß & Fett:80%)
100g.≈ Eiweiß 0,01g. Fett:0g.
µg. - Ph:5,61 Na:1,07 Ka:27,59 Mg:4,07 Ca:9,43 Fe:0,04 Zn:0,1 Col.:0 Hsr.:0

Zutaten:
Grüner Tee 1 TL / 2g. (empfehlenswert)
Wasser 1 Tasse / 120g. (ja)

Kochanleitung:
Pro Tasse verwendet man einen Teelöffel voll oder einen Teebeutel. Grüntee nur mit 60-80 Grad heißem Wasser aufbrühen, da er sonst bitter wird. Soll der Tee eine anregende Wirkung haben, lässt man ihn 2-3 Min. ziehen. Eher beruhigend wirkt er bei einer Ziehdauer von 5 Min. (nicht länger, sonst wird er bitter!). Eine andere Methode: Man übergießt die Teeblätter mit ca. 70 Grad heißem Wasser und gießt es sofort wieder ab. Dann einfach noch mal heißes Wasser nachgießen. Die Bitterstoffe verschwinden und der Tee bekommt ein milderes Aroma.

3.104 Tee aus Ingwer mit Honig

Honig lindert Schmerzen, entgiftet, ist bakterizid. Frischer Ingwer fördert Verdauung, entgiftet, treibt Schweiß, löst Stagnation.
Anzahl Portionen: 4
Kalorien p. Portion 5
Gramm p. Portion   127,25
Kochdauer ca.   30 Min.
(Kohlehydrat:98,08% / Eiweiß & Fett:1,92%)
100g.≈ Eiweiß 0,02g. Fett:0,01g.
µg. - Ph:0,1 Na:0,29 Ka:0,7 Mg:0,33 Ca:1,27 Fe:0,01 Zn:0,01 Col.:0 Hsr.:0

Zutaten:
Ingwer frisch 1 TL / 3g. (empfehlenswert)
Wasser 1/2 Liter / 500g. (ja)
Honig 2 TL / 6g. (ja)

Kochanleitung:
Wasser zum Kochen bringen und beiseite stellen. Ingwer zugeben und 20-30 Min. ziehen lassen. Nach Geschmack mit Honig süßen.

3.105 Tee aus Schafgarbe

Blutreinigend, blutstillend, krampflösend, gefäßtonisierend. Gut bei Verdauungsschwäche, Blähungen, Diabetes, Durchfall, Verstopfung, Wundheilung und Blutungen.

Anzahl Portionen: 2
Kalorien p. Portion 0
Gramm p. Portion   253
Kochdauer ca.   15 Min.
(Kohlehydrat:0% / Eiweiß & Fett:0%)
100g.≈ Eiweiß 0g. Fett:0g.
µg. - Ph:0 Na:0,25 Ka:0 Mg:0,25 Ca:1,24 Fe:0 Zn:0,02 Col.:0 Hsr.:0

Zutaten:
Schafgarbentee 2-4 TL / 6g. (empfehlenswert)
Wasser 1/2 Liter / 500g. (ja)

Kochanleitung:
Wasser zum Kochen bringen und beiseite stellen. Schafgarbe zugeben und 10 Min. ziehen lassen, abseihen und nach Geschmack mit Honig süßen.

3.106 Teemischung appetitanregend

Ingwerpulver vertreibt Kälte, fördert Schwitzen, löst Stagnation.

Anzahl Portionen: 4
Kalorien p. Portion 0
Gramm p. Portion   127,5
Kochdauer ca.   10 Min.
(Kohlehydrat:83% / Eiweiß & Fett:17%)
100g.≈ Eiweiß 0,01g. Fett:0g.
µg. - Ph:0,02 Na:0,06 Ka:0,12 Mg:0,08 Ca:0,32 Fe:0 Zn:0,01 Col.:0 Hsr.:0

Zutaten:
Bitterorangenschale 3 g. / 3g. (ja)
Schafgarbentee 3 g. / 3g. (empfehlenswert)
Ingwer Pulver 1 g. / 1g. (empfehlenswert)
Andornkraut 3 g. / 3g. (ja)
Wasser 500 ml / 500g. (ja)

Kochanleitung:
1 EL der Teemischung mit 500 ml Wasser überbrühen und 10 Min. ziehen lassen. Danach abseihen und in kleinen Schlucken vor dem Essen trinken.

3.107 Teemischung gegen Darmträgheit

Fördert Verdauung, stärkt den Magen, harntreibend und allgemein kräftigend. Gut bei Appetitlosigkeit, Verdauungsstörungen und Magenleiden.

Anzahl Portionen: 8
Kalorien p. Portion 1
Gramm p. Portion 132,5
Kochdauer ca. 20 Min.
(Kohlehydrat:87% / Eiweiß & Fett:13%)
100g.≈ Eiweiß 0,01g. Fett:0,02g.
µg. - Ph:0,01 Na:0,02 Ka:0,07 Mg:0,02 Ca:0,08 Fe:0 Zn:0 Col.:0 Hsr.:0

Zutaten:
Enzianwurzel 1 EL / 20g. (empfehlenswert)
Kalmus 1 EL / 20g. (ja)
Schlehdorn 1 EL / 20g. (ja)
Wasser 1 Liter / 1000g. (ja)

Kochanleitung:
Vorbereitung: 20 g Enzian, 20 g Kalmus und 20 g Schlehdorn mischen. Zubereitung: 1 EL der Mischung auf 1 Tasse als Aufguss 15-20 Min. ziehen lassen. Anwendung: morgens und abends 1 Tasse warm trinken.

3.108 Tomaten mit Mozzarella

Fördert Verdauung, hilft Fett zu verdauen, harntreibend, senkt Blutdruck. Hilft bei Appetitlosigkeit, Blähungen, Darmentzündungen, Übelkeit, ist entkrampfend und beruhigend.

Anzahl Portionen: 1
Kalorien p. Portion 436
Gramm p. Portion 217
Kochdauer ca. 5 min
Allergene: AG
(Kohlehydrat:36,98% / Eiweiß & Fett:63,02%)
100g.≈ Eiweiß 14,85g. Fett:30,32g.
µg. - Ph:90,5 Na:176,3 Ka:158,5 Mg:12,75 Ca:109,5 Fe:0,3 Zn:0,5 Col.:10,69 Hsr.:13,46

Zutaten:
Mozzarella 1 Stück / 50g. (ja)
Tomate 2 Stück / 100g. (empfehlenswert)
Salz 1 Prise / 1g. (wenig)
Basilikum (frisch) 5 Blätter / 6g. (empfehlenswert)
Olivenöl 2 EL / 20g. (ja)
Weißbrot (Weizenbrot) 2 Scheiben / 40g. (wenig)

Kochanleitung:
Tomaten und Mozzarella in Scheiben schneiden. Auf Teller verteilen, salzen und mit Basilikum und Olivenöl anrichten. Dazu Weißbrot servieren.

3.109 Tomatensuppe

Fördert Verdauung, hilft Fett zu verdauen, senkt Blutdruck, löst Stagnation, antioxidativ, harntreibend.

Anzahl Portionen: 2
Kalorien p. Portion 100
Gramm p. Portion 290
Kochdauer ca. 10 min.
(Kohlehydrat:42% / Eiweiß & Fett:58%)
100g.≈ Eiweiß 1,78g. Fett:7,9g.
µg. - Ph:4,2 Na:1,2 Ka:31,36 Mg:1,99 Ca:3,85 Fe:0,07 Zn:0,04 Col.:0,01 Hsr.:1,47

Zutaten:
Olivenöl 1 EL / 15g. (ja)
Zwiebel weiss 1 Stück / 60g. (wenig)
Zimtpulver 1 Prise / 1g. (empfehlenswert)
Basilikum (frisch) 1 TL / 2g. (empfehlenswert)
Pfeffer gemahlen 1 Prise / 0,5g. ()
Salz 1 Prise / 1g. (wenig)
Tomate 5 Stück / 250g. (empfehlenswert)
Paprika (Rosenpaprikapulver) 1 Prise / 1g. (ja)
Wasser 250 g. / 250g. (ja)

Kochanleitung:
Die kleingeschnittene Zwiebel im Olivenöl in einem Topf anrösten, Salz und Gewürze zufügen und kurz mitrösten. Gewaschene und geviertelte Tomaten zugeben und kurz anbraten. 250 ml Wasser heißes Wasser zufügen, 15 Min. kochen lassen und dann pürieren.

3.110 Vegetarischer Gemüse-Getreide-Kartoffelbrei

Verbessert Verdauung, regeneriert Haut, harntreibend, senkt Cholesterinspiegel, lindert Verstopfung, produziert Muttermilch.

Anzahl Portionen: 2
Kalorien p. Portion 91
Gramm p. Portion 109
Kochdauer ca. 25 Min.
Allergene: A
(Kohlehydrat:61% / Eiweiß & Fett:39%)
100g.≈ Eiweiß 1,89g. Fett:4,42g.
µg. - Ph:13,11 Na:2,56 Ka:62,42 Mg:5,72 Ca:8,05 Fe:0,26 Zn:0,13 Col.:0 Hsr.:5,15

Zutaten:
Karotte (Frühkarotte) 30 g. / 30g. (empfehlenswert)
Pastinake 30 g. / 30g. (empfehlenswert)
Zucchini 30 g. / 30g. (empfehlenswert)
Fenchel 10 g. / 10g. (empfehlenswert)
Kartoffel 50 g. / 50g. (empfehlenswert)
Wasser 20 g. / 20g. (ja)
Hafer Flocken (Vollkorn) 10 g. / 10g. (ja)
Orangensaft 30 g. / 30g. (empfehlenswert)
Rapsöl 8 g. / 8g. (ja)

Kochanleitung:
Das Gemüse und die Kartoffeln waschen, würfeln und in wenig Wasser
dünsten. Wasser und Haferflocken zugeben, alles pürieren und
schließlich das Öl untermengen. Hinweis: Dieser Brei ersetzt den
Gemüse-Kartoffel-Fleisch-Brei, wenn in der Ernährung des Säuglings
auf Fleisch verzichtet werden soll. Da Fleisch die beste Nahrungsquelle
für Eisen ist, muss bei vegetarischer Ernährung besonders auf eine
ausreichende Eisenversorgung geachtet werden.

3.111 Vitamindrink

Reguliert Magen-Darm-Funktion, stärkt Milz und Leber, senkt Blutdruck,
bakterizid, stärkt Immunsystem, beugt Krebs vor.
Anzahl Portionen: 3
Kalorien p. Portion 172
Gramm p. Portion   273,33
Kochdauer ca.   5 Min.
(Kohlehydrat:91,86% / Eiweiß & Fett:8,14%)
100g.≈ Eiweiß 2,79g. Fett:0,57g.
µg. - Ph:9,44 Na:2,63 Ka:80,69 Mg:7,39 Ca:10,07 Fe:0,28 Zn:0,03 Col.:0 Hsr.:6,17

Zutaten:
Orangensaft 300 ml. / 300g. (empfehlenswert)
Karotte (Mohrrübe, Möhre) 200 g. / 200g. (empfehlenswert)
Banane 2 Stück / 300g. (empfehlenswert)
Kiwi 1 Stück / 20g. (ja)

Kochanleitung:
Orangen, Karotten, Bananen und die Kiwi grob zerkleinern und mit dem
Mixstab fein pürieren.

3.112 Wärmende Karottensuppe

Stärkt und wärmt, senkt Blutdruck, bakterizid, stärkt Immunsystem, beugt Krebs vor, reduziert Strahlenverletzungen, stärkt Magen-Darm-Funktion.

Anzahl Portionen: 3
Kalorien p. Portion   133
Gramm p. Portion   274,67
Kochdauer ca.   30 min
Allergene: HL
(Kohlehydrat:78,77% / Eiweiß & Fett:21,23%)
100g.≈ Eiweiß 2,17g. Fett:7,87g.
µg. - Ph:8,57 Na:6,92 Ka:27,55 Mg:25,11 Ca:97,93 Fe:0,4 Zn:0,03 Col.:0 Hsr.:2,99

Zutaten:
Karotte (Mohrrübe, Möhre) 4 Stück / 250g. (empfehlenswert)
Walnussöl 2 EL / 20g. (ja)
Zwiebel Schalotte 2 Stück / 40g. (wenig)
Anis (gemeiner Fenchel) 1/2 TL / 1g. (empfehlenswert)
Muskatnuss 1 Prise / 1g. (empfehlenswert)
Ingwer frisch 1/2 TL / 1g. (empfehlenswert)
Salz 1 Prise / 1g. (wenig)
Grundrezept für eine Gemüsebrühe 1/2 Liter / 500g. (empfehlenswert)
Petersilie 1 EL / 10g. (empfehlenswert)

Kochanleitung:
Walnussöl in einem Topf erhitzen und die kleingeschnittenen Zwiebeln darin anbraten. Karotten gewürfelt zufügen. Anis, Muskat, etwas Ingwer und Salz zugeben. Wasser oder Gemüse- bzw. Fleischbrühe zugeben. Alles weich kochen und dann pürieren. Am Ende Petersilie unterheben. Empfehlung: Die Suppe eignet sich für die kalte Jahreszeit, vor allem, wenn man als Flüssigkeit zum Aufgießen Fleischbrühe verwendet.

3.113 Weizenfrischkornbrei mit Birnen

Fördert Verdauung, harntreibend, antiparasitär. Hilft bei Appetitlosigkeit, Blähungen, Darmentzündungen und hohem Cholesterinspiegel.

Anzahl Portionen: 2
Kalorien p. Portion   309
Gramm p. Portion   388
Kochdauer ca.   25 Min.
Allergene: ANO
(Kohlehydrat:79% / Eiweiß & Fett:21%)
100g.≈ Eiweiß 8,62g. Fett:5,6g.
µg. - Ph:14,98 Na:0,76 Ka:29,51 Mg:6,87 Ca:4,95 Fe:0,07 Zn:0,06 Col.:0 Hsr.:7,93

Zutaten:
Weizen 1 Tasse / 100g. (ja)
Wasser 2-4 Tassen / 350g. (ja)
Birne 2 Stück / 300g. (empfehlenswert)
Rosinen 1 EL / 10g. (ja)
Sesam, Weißer 1 EL / 8g. (ja)
Sonnenblumenkerne 1 EL / 8g. (wenig)
Kardamom 1 Prise / 0,3g. (empfehlenswert)
Salz 1 Prise / 0,3g. (wenig)

Kochanleitung:
Vorbereitung am Vorabend: Weizen grob schroten und über Nacht
einweichen. Am Morgen: Weizenschrot mit etwas heißem Wasser
aufsetzen und etwa 15 Min. unter Rühren köcheln. Birnenkompott,
Rosinen, zerstoßenen Sesam, Sonnenblumenkerne, etwas
gemahlenen Kardamom und eine Prise Salz zufügen. Varianten: mit
geriebenem Apfel oder mit Obst der Saison.

3.114 Zwetschgen mit Bio-Quark

Krebsvorbeugende Wirkung, entwässert den Körper, regt die
Verdauung an und bindet Fette im Darm. Gut bei Körperschwäche,
Magendruck, Aufstoßen, Diabetes, akuter oder chronischer Verstopfung
und Hautproblemen.

Anzahl Portionen: 2
Kalorien p. Portion 141
Gramm p. Portion 270
Kochdauer ca. 10 Min.
Allergene: G
(Kohlehydrat:79% / Eiweiß & Fett:21%)
100g.≈ Eiweiß 3,15g. Fett:4,1g.
µg. - Ph:8,01 Na:1,04 Ka:57,99 Mg:2,14 Ca:4,91 Fe:0,1 Zn:0,03 Col.:0,44 Hsr.:4,66

Zutaten:
Zwetschken 1/2 Kg. / 500g. (ja)
Butter Bio 1/2 TL / 2g. (ja)
Vanille 1 Prise / 0,2g. (ja)
Zimtpulver 1 Prise / 0,2g. (empfehlenswert)
Koriander 1 Prise / 0,2g. (empfehlenswert)
Kardamom 1 Prise / 0,2g. (empfehlenswert)
Zitrone Saft 1 Schuss / 1g. (ja)
Kakao 1 Prise / 0,3g. (ja)
Apfelsaft (Naturtrüb) 1 Schuss / 3g. (empfehlenswert)
Zucker Ursüße (Zuckerrohr) süß 1 TL / 3g. (wenig)
Topfen (Quark) 20% 3 EL / 30g. (ja)

Kochanleitung:
Zwetschgen halbieren und entsteinen und in wenig Butter in einer Pfanne andünsten. Vanille, Zimt, Koriander und Kardamom zugeben. Wasser zufügen, so dass die Zwetschgen zu einem Viertel bedeckt si. Zitronensaft und eine Prise Kakao dazugeben und mit wenig Birnen- oder Apfelsaft aufgießen, so dass die Zwetschgen etwa zur Hälfte bedeckt sind. Nach Geschmack mit Vollrohrzucker süßen.Ca. 7 Min. leise köcheln lassen, so dass die Zwetschgen weich, aber nicht verkocht sind. Zwetschgen kreisförmig auf dem Teller anrichten. In die Mitte 1 EL Bio-Quark (wer mag kann Schafmilchquark verwenden) geben. Wenig Saft der gekochten Zwetschgen über das Dessert gießen.

4 Wirkung der Lebensmittel

4.1 Zutaten verwenden: empfehlenswert

Acaipulver
Acerola Fruchtnektar oder Pulver
Ahornsirup
Anis (gemeiner Fenchel)
Apfel (sauer)
Apfel (süß)
Apfelmus
Apfelsaft (Naturtrüb)
Aprikose
Aprikosennektar
Artischocke
Aubergine
Avocado
Banane
Banane Kochbanane
Basilikum
Basilikum (frisch)
Beeren der Saison
Beerensaft
Birne
Birnensaft
Bohnenkraut
Brennnessel
Brokkoli
Chinakohl
Cranberries
Cumin (Kreuzkümmel)
Dill
Enzianwurzel
Erbse, grün
Fenchel

Fenchelsamen gemahlen
Fencheltee
Fischstücke gemischt (Süßwasser)
Flaschenkürbis
Gemüsesaft
Grüner Tee
Gurke
Gurke (bitter)
Hagebuttentee
Heidelbeersaft
Hokkaidokürbis
Ingwer frisch
Ingwer Pulver
Johannisbeermarmelade (schwarz)
Johannisbeernektar (schwarz)
Kardamom
Karotte (Frühkarotte)
Karotte (Mohrrübe, Möhre)
Karottensaft ohne Zucker
Kartoffel
Kartoffel (mehlige)
Kirschsaft
Knoblauch
Kohlrabi
Kompott (Früchte der Saison)
Koriander
Koriandergrün
Kümmel gemahlen
Kürbis
Kurkuma (Gelbwurz)
Liebstöckel

Lorbeerblatt
Mangold
Mangosaft
Maniokmehl
Marillensaft
Mittelmeerfisch (Kabeljau, Scholle,
Schellfisch, Seeaal, Makrele)
Muskatnuss
Obstmischung Fruchtsaft
Okra
Orangensaft
Oregano frisch
Oregano getrocknet
Paprika
Pastinake
Petersilie
Petersilienwurzel
Pfefferminztee
Rettich Meerrettich (Kren)
Rettich schwarz
Rosenkohl
Safran
Schafgarbe
Schafgarbentee
Schwarzwurzel
Sellerie Knolle

Sellerie Stangensellerie
Sesam, Schwarzer
Spargel (grün oder weiß)
Speiserüben
Spinat
Süßkartoffel
Tomate
Tomatenmark
Tomatenpüre
Tomatensaft
Traubensaft rot
Traubensaft weiß
Vanilleschote
Vollkornbrot
Vollkornbrot mit ganzen Körner
Vollkornmehl
Wachskürbis
Weizen Mehl Vollkorn
Weizen/Roggen Grau- Schwarzbrot mit
Hefe
Weizenkleie
Zimtpulver
Zimtstange
Zitronenmelisse (frisch)
Zitronenmelisse (getrocknet)
Zucchini

4.2 Zutaten verwenden: ja

Aal
Adzukibohnen
Agar-Agar, Agartang
Agavendicksaft
Aloesaft
Amaranth
Amaranth POPS
Ananas
Ananassaft ungezuckert
Andornkraut
Angelikawurzel
Aprikose getrocknet
Aprikosen Marmelade
Astronautenkost
Austern
Austernpilze
Austernschalenpulver
Backpulver
Baldrian
Bambussprossen
Banchatee
Bärentraubenblätter
Bärlauch (Knoblauchspinat)
Barsch
Bataviasalat

Benediktinerdistel
Berberitzenrindetee
Bier (alkoholarm)
Bier (alkoholfrei)
Bitter Lemon
Bitterklee
Bitterorangenschale
Blätterteig
Blattsalate (bitter)
Blütenpollen
Bocksdornfrüchte (Fructus Lycii)
getrocknet
Bockshornklee
Bohnenöl
Borretsch
Borretschöl
Boxhornkleesamen
Brie
Brombeerblätter
Brombeere
Brombeere getrocknet (unreife)
Brombeermarmelade
Brösel (Weizenbrot, Semmel)
Brot mit Johannisbrotkernmehl
Brötchen (Semmel)

Buchweizen
Buchweizen (geröstet) Kasha
Buchweizen Vollkorn
Bulgur (Getreide)
Butter (halbfett)
Butter Bio
Butterbohnen weiße
Buttermilch
Calamari
Camembert
Cashewnüsse
Champignon
Channa-Dal
Chenpi (chinesische Mandarinenschale)
Chicorée
Chlorella (Süßwasser)
Chrysanthemenblütentee
Clementinen
Colagetränk
Couscous
Creme fraiche
Dashi
Datteln getrocknet
Datteln rot
Dinkel
Dinkel Brot
Dinkel Flocken
Dinkel Gries
Dinkel Vollkornmehl
Distelöl
Dornhai (Seeaal, Schillerlocken)
Dorsch
Dulse (Lappentang)
Eibennuss
Eibisch (Hibiscus)
Eisbergsalat
Endiviensalat
Ente (Frühmastente, schlachtfrisch)
Entenei
Erbsen
Erdbeere
Erdbeermarmelade
Erdbeersaftgetränk
Erdnussbutter
Erdnussöl
Essig (Apfelessig)
Essig (Rotweinessig)
Essig Aceto Balsamico
Essig Aceto Balsamico weiss
Essiggurke
Estragon
Färberdiestel (Hong Hua)
Färberginsterkraut

Fasan
Feige
Feldsalat
Feta
Fisch Innereien
Fischreste
Fischsouce
Flohsamen
Flunder
Forelle
Forelle (geräuchert)
Frischkäse
Frischkäse aus Soja
Frischkäse mit Kräuter
Früchtetee
Fruchtzucker (Fruktose, Traubenzucker)
Gagelpflaume
Galgant
Gans
Gans (Gänseklein)
Gänseblümchen
Gänseei
Garam Masala Pulver
Garnele
Gelatine weiss
Gelee Royal
Gerste
Gerste (Nacktgerste)
Gerste (Perlgerste)
Gerstengras Pulver
Gerstengraupen
Gerstengrütze
Gerstenmalz
Gerstenmehl
Getreidekaffee
Gewürznelke
Ginkgofrucht
Ginsengwurzel
Glühweingewürzmischung
Granatapfel
Grapefruit getrocknete Schale
Grapefruit/Pampelmuse/Pomelo
Grapefruitsaft
Graskarpfen
Grünkern
Guave
Gurke (Gewürzgurke)
Hafer
Hafer Flocken (Vollkorn)
Hafer Flocken geröstet
Hafer Mehl
Hafer Milch
Hafer Schmelzlocken (Babynahrung)

Hafer Schrot
Hagebutte
Haifisch
Hase
Hefe
Heidelbeere
Heidelbeere getrocknet
Heidelbeermarmelade
Heilbutt
Hering
Hibiskustee
Hijiki
Himbeerblättertee
Himbeere
Himbeere getrocknet (unreife)
Himbeermarmelade
Hiobsträne (Samen) YiYi Ren
Hirsch Knochen
Hirseflocken
Holunderbeeren
Holunderblütentee
Honig
Honigmelone
Hopfen
Huhn Fleisch
Hüttenkäse
Ingweröl
Jakobstränen
Jasminblütentee
Joghurt (natur, 1,5 % Fett)
Joghurt (natur, 3,5 % Fett)
Johannisbeere (rot)
Johannisbeere (schwarz)
Johannisbeere (weiß)
Johannisbeermarmelade (rot)
Johannisbrotkernmehl
Kabeljau
Kaffee
Kaffeeweißer
Kakao
Kaki-Pflaume
Kaktusfeige
Kalmus
Kamille
Kaninchen Fleisch
Kapern (eingelegt)
Kapuzinerkresse
Karambole/Sternfrucht
Karausche
Karpfen
Kartoffelmehl
Käsepappeltee
Kastanien (Maronen)
Kaviar

Kefir
Kerbel
Kerbel getrocknet
Kirsche
Kirsche (sauer)
Kirschenkompott
Kiwi
Klementine
Klettenwurzeltee
Knäckebrot
Kohlrübe
Kokosnussfleisch
Kokosraspeln
Kombualge
Kopfsalat
Korinthen (rot)
Korinthen (schwarz)
Krabbe
Krake
Kräuter bittere
Kräuter der Provence
Kräuter verschiedene
Kräuter Wildkräuter
Kräuterteemischung
Kresse
Kuhmilch (1,5 % Fett)
Kuhmilch (Vollmilch 3,5 % Fett)
Kukichatee
Kümmel
Kumquat
Kürbiskerne
Kürbiskernöl
Kuzu
Lachs
Languste
Lauchzwiebel Schnittlauch
Laugengebäck
Lavendelblüten
Leberglättertee
Leinöl
Leinsamen
Leinsamen (geschrotet)
Liebstöckelsamen
Lindenblütentee
Linsen gelb
Linsen rot
Linsen schwarz
Löffelbiskuit
Longane
Loquate/Japanische Mispel
Lotossamen
Lotoswurzeln
Löwenzahn (junger)
Löwenzahnsaft

Löwenzahnwurzeltee
Luohan-Frucht
Lychee
Lychee (Konserve)
Magermilchpulver
Mais
Mais (geröstet)
Mais (Schnellpolenta)
Mais Gries (Polenta)
Mais Mehl (Maizena)
Maishaartee
Maiskeimöl
Maisstärke
Majoran
Makannastern Samen
Makrele
Malventee
Malz
Mandarine
Mandeln
Mandeln Marzipan
Mango
Mangopulver
Marillen
Mascarpone
Maulbeerfrucht
Meeräsche
Meereskrebs
Mehrkornbrot (Graubrot)
Melisse
Miesmuscheln
Mineralwasser
Mirabelle
Miso
Miso schwarz (fermentiert)
Mispel
Mixed Pickels
Mohn
Molke
Moosbeere
Morchel (schwarz, getrocknet)
Mozzarella
Mu-Erh-Pilz
Mungbohnensprossen
Müsli
Nachtkerzenöl
Nektarine
Nelke
Nori, Purpurtang, Rotalge
Nudeln (Vollkorn) mit Ei
Nudeln (Weizen) mit Ei
Nudeln (Weizen, Bandnudeln) mit Ei
Nudeln (Weizen, Lasagneblätter) mit Ei
Nudeln (Weizen, Spagetti) mit Ei

Odermennig
Oliven
Oliven grün
Olivenöl
Orange
Orange abgeriebene Schale
Orange getrocknete Schale
Orange Schale
Orangenblüten
Orangenmarmelade
Palmöl
Papaya
Paprika (Rosenpaprikapulver)
Paprika (süß)
Passionsblumenblütentee
Passionsfrucht (Maracuja)
Pfefferminze
Pfeilwurzelmehl
Pfifferlinge/Eierschwammerl
Pfirsich
Pfirsich (Dose)
Pflaume
Pflaume getrocknet
Piment
Pintobohnen gesprenkelt
Preiselbeere
Preiselbeermarmelade
Preiselbeersaft
Puddingpulver Vanille
Pumpernickel
Pute Brustfleisch
Pute Schinken
Qualle
Quargel 20%
Quinoa
Quitte
Radicchio
Radieschen
Rapsöl
Reineclaude
Reis Basmatireis
Reis Duftreis
Reis Gaoliangreis (Sorghum)
Reis Klebreis
Reis Langkornreis
Reis Reisschleim
Reis Roter
Reis Rundkornreis
Reis Schwarzer
Reis Sorte beliebig
Reis Süßer
Reis Vollkorn
Reis Wilder (Naturreis)
Reishi

Reismalz
Reismehl
Reisnudeln
Reisstärke
Rettich (weiß, grün, lila-rot)
Rettichblätter (vom Wochenmarkt)
Rhabarber
Roggen
Roggen Vollkornbrot
Roggenmehl
Römersalat/Lattich-Salat
Rosenblättertee
Rosenblütentee
Rosinen
Rosmarin
Rotbarsch
Rote Grütze (ohne Zucker)
Rote Rübe
Rotkohl
Sago (Getreide)
Sahne 10% Kaffeesahne
Sahne sauer 10%
Sake
Salbei
Sanddorn
Sardellen/Sardine
Sauerampfer
Sauerkirsche
Sauermilch
Sauerrahm 15% Fett
Sauerteig
Schafmilch Joghurt
Schafskäse
Schafsmilch
Schimmelkäse
Schlehdorn
Schmelzkäse 12%
Schnecke
Scholle
Schwarzaugenbohnen
Schwarzer Fungu Pilz
Schwarzkümmel
Schwedenkraut (Schwedenbitter)
Seegurke
Senf
Senf Dijon
Senf mittelscharf
Senf süß
Senfsamen
Sesam, Weißer
Sesamöl
Sesamöl geröstet
Shiitake, getrocknet
Shrimps

Silbermorchel, getrocknet
Soja Tofu geräuchert
Sojabohnen, Schwarze
Sojabohnen, Schwarze, fermentiert
Sojabohnenmilch
Sojacreme
Sojamehl
Soja-Nudeln
Sojaöl
Sojapaste (Miso)
Sojasauce
Sonnenblumenöl
Spitzwegerichtee
Stachelbeere
Steinpilz/Herrenpilz
Sternanis
Stevia (Süßkraut)
Stutenmilch
Süßholzwurzeltee
Süßwasserfisch
Süßwasserkrebs
Taube
Taube Ei
Teemischung Harnsäuresenkend
Thunfisch
Thymian
Thymian getrocknet
Tintenfisch
Toastbrot (Vollkorn)
Tomate getrocknet
Tonicwasser
Topfen (Quark) 20%
Trauben rot
Trauben weiß
Traubenkernöl
Trüffel
Tsampa (geröstetes Gerstenmehl)
Umeboshipaste
Umeboshiplaumen (Japanaprikosen)
Vanille
Vanillepulver
Vanillezucker natur
Vogelmiere
Vogerlsalat (Pflücksalat)
Wacholderbeere
Wakame
Walderdbeeren
Walnussöl
Wasser
Wasser heiss
Wassermelone
Weißdorn
Weiße Bohnen
Weißfischchen

Weißwurz
Weizen
Weizen Bulgurweizen
Weizen Flocken
Weizen Gras Pulver
Weizen Gries
Weizen Gries - Kindergries
Weizen Mehl
Weizengrassaft
Weizenkeimöl
Wermut
Wermutkraut
Wildkräuter
Yamswurzel, Yamswurzelknolle
Yogitee

Ysop
Ziegen- und Schafsmilch
Ziegenkäse
Zitrone
Zitrone Saft
Zitrone Schale
Zitrone, Limette
Zitronengras
Zucker Fructose Fruchtzucker
Zucker Glukose Traubenzucker
Zucker Milchzucker
Zuckerersatz (Süßstoff)
Zwetschken
Zwieback

4.3 Zutaten verwenden: wenig

Aal geräuchert
Ananas (aus der Dose)
Bier (Altbier)
Bier (Pils)
Bitterlikör
Blumenkohl (Karfiol)
Bohnen (grün, frisch)
Buschbohnen
Butterschmalz
Campari
Chili (Schote oder gemahlen)
Colagetränk (kalorienarm)
Curry
Currypaste rot
Edamer
Emmentaler
Erdnüsse
Feige getrocknet
Fernet Branca (Kräuterbitterlikör)
Gans (Gänseschmalz)
Ginsenglikör
Gorgonzola
Gouda
Hase, wild
Hirsch Fleisch
Hirse
Honigwein (Met)
Huhn Ei
Huhn Eigelb
Huhn Eiweiß
Hummer
Kichererbsen
Kokosfett
Kokosflocken
Kokosmilch
Lamm Fleisch

Lamm Knochen
Lamm Schulter
Lauch (Porree)
Limabohnen
Linsen (Helmbohnen)
Lycheelikör
Malzbier
Margarine (Diät)
Martini
Mayonnaise 50%
Mayonnaise 80%
Mungbohne
Nierenbohnen (rote)
Parmesan
Peperoni
Peperoni, gelb, entkernt, halbiert
Peperoni, rot, entkernt, halbiert
Pfeffer Cayenne
Pfeffer Körner
Pfeffer weiss (gemahlen)
Pferd Fleisch
Pinienkerne
Pistazien
Prosecco
Reh Fleisch
Rind (Kalb)
Rind Filet
Rind Fleisch
Rind Fleischknochen
Rind Knochenmark
Rind Magen
Rind Suppenfleisch
Rotwein
Sahne sauer 20%
Sahne sauer 30%
Sahne, süß 30%

Salz
Salz Kräutersalz
Saubohnen (Dicke Bohnen)
Sauerkraut
Schaffleisch
Schmelzkäse 30%
Schokolade
Schokolade (Diabetiker)
Schwarze Bohnen
Schwarztee
Schwein Darm
Schwein Fleisch
Schwein Haut
Schwein Haxe (Eisbein)
Schwein Hirn
Schwein Leber
Schwein Magen
Schwein Schinken
Schwein Schinken gekocht
Schwein Schinken geselcht
Schwein Schinkenspeck
Schwein Schmalz
Sesam Paste (Tahini)
Sherry
Soja Cuisine (Soja-Sahne)
Soja Tofu
Sojabohne
Sojabohnen, Gelbe
Sonnenblumenkerne
Stangenbohnen (Fisolen)
Tabasco

Topfen (Quark) 40%
Wachtel
Wachtel Ei
Walnüsse
Walnüsse geröstet
Weißbrot (Weizenbrot)
Weißbrot Baguette
Weißbrot Brösel (Weizenbrot)
Weißbrot Knödelbrot (Weizenbrot)
Weißbrot Salzstangerl
Weißbrot Semmel
Weißkohl/Weißkraut
Weißwein
Weizen Bier
Weizen Fladenbrot
Wildschwein Fleisch
Wirsing/Grünkohl
Ziege
Ziegen- und Schafshirn
Zucker (Staubzucker)
Zucker (weiß, aus Rüben)
Zucker braun
Zucker Kandis weiß
Zucker Melasse
Zucker Palmzucker
Zucker Ursüße (Zuckerrohr) süß
Zwiebel Frühlingszwiebel
Zwiebel rot
Zwiebel Schalotte
Zwiebel weiss

4.4 Kontraindikativ wirkende Lebensmittel nicht verwenden

Bratöl
Ente (Herz)
Erdnuss (geröstet)
Gänseblut
Hammel
Haselnüsse
Hirsch Nieren
Huhn Blut
Huhn Herz
Huhn Leber
Huhn Magen
Kaninchen Leber
Lamm Leber
Lamm Nieren
Mandelmilch
Mandelmus
Margarine
Paranuss
Rind Herz

Rind Herz (Kalb)
Rind Leber
Rind Lunge (Kalb)
Rind Niere
Rind Ochsenschwanzstücke
Rum
Schnaps
Schwein Blut
Schwein Bratwurst
Schwein Fett
Schwein Herz
Schwein Lunge
Schwein Markknochen
(Röhrenknochen)
Schwein Mettwurst
Schwein Nieren
Ziegen- und Schafsblut
Ziegen- und Schafsleber
Ziegen- und Schafsmagen

5 Komplementär

5.1 Dekokt (Abkochung)

5.1.1 Ginkgoblätter

Hochwirksames Antioxidans. Gut gegen zerebrale
Durchblutungsstörungen, Bluthochdruck, Angina Pectoris,
Arteriosklerose, Asthma, Atemnot.
Studien belegen die Wirkung von Ginko-Bilbao-Konzentrat als
hochwirksames Antioxidans, welches gesunde Zellen vor
Nebenwirkungen des Chemotherapie-Medikaments Adriamycin schützen
kann. Ginko wirkt tumorhemmend in Kulturen von Mund- und
Leberkrebszellen und schützte im Tierversuch Ratten vor chemisch
hervorgerufenen Darmkrebs.

5.2 Fertiggetränk

5.2.1 Aronia (Apfelbeeren)

Gegen freie Radikale. Aufgrund des hohen Flavonoid-, Folsäure, Vitamin-
K- und Vitamin-C-Gehalts zählt die Aronia zu den Heilpflanzen. Die
Aronia sind im Fachhandel als getrocknete Beeren, als Saftkonzentrat,
als Tee und als Getränk erhältlich.
1-2 Glas pro Tag
Aufgrund des hohen Flavonoid-, Folsäure, Vitamin-K- und Vitamin-C-
Gehalts zählt die Aronia zu den Heilpflanzen. Die Aronia sind im
Fachhandel als getrocknete Beeren, als Saftkonzentrat, als Tee und als
Getränk erhältlich.

5.3 Heilbad

5.3.1 Bad mit Kamille

Entzündungshemmend, antibakteriell, krampflösend,
wundheilungsfördernd. Beruhigender Effekt auf die Psyche.
Für ein Bad können ca. 40-60g getrocknete Kamillen als Sud oder je
nach Gebrauchsanweisung Kamillenextrakt verwendet werden.

5.4 Heil-Tee (Aufguss)

5.4.1 Gänsefingerkrautwurzel

Entspannt Krämpfe der glatte Muskulatur (Magenkolik, Darmkolik, Gallenwegkolik, Asthma, Angina pectoris. Lindert Blutungen auch nach der Geburt, fördert die Rückbildung des Uterus. Gut gegen Durchfall besonders mit Krämpfen, Bluthusten, Augenentzündung.
5-10g getrocknete Blätter auf 1 Liter Wasser.

5.4.2 Heidelbeeren Blätter

Lindert Durchfall mit und ohne Blut. Regt Appetit an, lindert Blähungen. Gut gegen Zystitis mit Bakterien (Harn desinfizierend), Harnröhrenkatarrh, atonische Harninkontinenz.
5-10g Blätter auf 1 Liter Wasser.

5.4.3 Kamille

Krampflösend und entzündungshemmend bei Verdauungsstörungen, beruhigt die Nerven und fördert guten Schlaf. Äußerlich angewendet heilt er Wunden sowohl im Mund-Rachen-Raum als auch der Haut. Stärkt Sehkraft.
2 Teelöffel des Tees mit 250 ml kochendem Wasser übergießen und 10 Minuten ziehen lassen. Danach absieben. Nach Bedarf 2 bis 3 Tassen pro Tag trinken.
Wirkstoffe: Äth. Öl: Chamazulen, Bisabolol, Flavonoide, Cumarine
Vor Dauergebrauch wird gewarnt, ansonsten unbedenklich.

5.4.4 Kümmel

Fördert Verdauung. Gut gegen Appetitlosigkeit, Magenschwäche, Diarrhöe, Übelkeit, Darmkoliken, Magenkrämpfe, Husten.

5.4.5 Pfefferminzblätter

Entkrampft, befreit Lunge und Nase (Inhalieren), reguliert Zyklus. Regt Gallenfluss und Gallensaftproduktion an, krampflösend bei Beschwerden im Magen-Darm-Bereich, antimikrobiell und antiviral.
2-10 g mit 250 ml kochendem Wasser übergießen und 10 Minuten ziehen lassen. Danach absieben. Nach Bedarf 2 bis 3 Tassen pro Tag trinken.
Wirkstoffe: Äth. Öl (Menthol), Gerbstoffe, Flavonoide, Bitterstoffe
Nicht lange kochen; nicht verwenden bei: Biao-Xu-Schwitzen oder Schwangerschaft.

5.4.6 Rooibos

Antioxidativ, entzündungshemmend, krebshemmend, schützt durch enthaltene Flavonoide, positive Wirkung auch auf Alzheimer, Arteriosklerose. Antiallergisch, hemmt die Histaminausschüttung. Antibakteriell, antiviral, antifungal, entgiftend (basisch).
3-4 Teelöffel Rooibos mit einem Liter kochendem Wasser überbrühen und 6-10 Min. ziehen lassen. Bei weichem Wasser benötigen Sie weniger Tee für die Zubereitung, bei härterem Wasser empfehlen wir eine höhere Dosierung.

5.4.7 Schwarzkümmel

Entkrampfend, immunregulatorisch. Außerdem soll das Öl die Bildung von Knochenmarkszellen anregen und allgemein Körperzellen vor Viren schützen.
1 Esslöffel Samen in 1 Glas mit kochendem Wasser aufbrühen und 10 Minuten ziehen lassen.
Anregend, antibakteriell, antimykotisch, antiseptisch, blutdrucksenkend, blutzuckersenkend, entzündungshemmend, galletreibend, harntreibend, menstruationsfördernd, muttermilchfördernd, schweißtreibend, verdauungsfördernd, wurmtötend.

5.4.8 Spitzwegerich

Gegen Blähungen als Tee, für die Wundheilung oder gegen Pilzbefall als Tee oder Umschläge
Spitzwegerich ist eines der besten Kräuter, um die Schleimablagerungen des Darmes aufzubrechen. Und er ist einer der besten Blutreiniger. Wegerich ist ein gutes Leberkraut und verbessert auch die Funktion der Nieren. Er trägt dazu bei, Blähungen und Durchfall zu verhindern. Insgesamt gesehen ist er eines der größten Heilkräuter der Natur. Er schmeckt köstlich in einem Salat (zusammen mit Löwenzahnblättern) und wahrscheinlich wächst er in Ihrem eigenen Hinterhof.

5.5 Kaltauszug (Mazerat)

5.5.1 Sennesblätter

Hilft bei chronischer und akuter Obstipation mit trockenem Stuhl, abdominales Spannungsgefühl, Koliken bei Pankreatitis, Cholezystitis.
1–2 g getrocknete Blätter für Mazerat; 1–2 ml Tinktur.
Nur für den kurzfristigen Gebrauch (1 bis 2 Wochen), da die Wirkung nach einer Latenzzeit von 10–12 Stunden nach der Einnahme eintritt. Vor dem Zu-Bett-Gehen einnehmen.

5.6 Kapseln

5.6.1 Holunderschwamm, Chinesische Morchel, Mu Err

Ähnlich entzündungshemmender Effekt wie Aspirin, diesem gegenüber jedoch die klaren Vorteile, weder die Blutgefäße zu beschädigen noch die Produktion der Magenschleimhaut zu hemmen. Er wirkt befeuchtend auf die Schleimhäute.

Der Mineralstoff- und Spurenelementanteil beträgt ca.5,4% des getrockneten Pilzes. Davon ist ca. ein Drittel Kalium, gefolgt von Kalzium, Natrium, Silizium, Magnesium und Phosphor. An Vitaminen ist momentan nur Vitamin B1 zu nennen. Der Pilz enthält reichlich ß-D-Glucane, Polysaccharide, Glykoproteine und Aminosäuren.

5.7 Komplementäre Anwendung

5.7.1 Akupunktur

Die Akupunktur gehört zu den Nerven oder Organe regulierenden Therapien.

Traditionelle Chinesische Medizin (TCM) bezeichnet meist eine Auswahl von diagnostischen und therapeutischen Verfahren, die im chinesischen Kulturkreis in vielen Jahrhunderten angewandt wurden.

Das chinesische Wort für Akupunktur besteht aus zwei Teilworten, die die Hauptanwendung der Akupunktur beschreiben, nämlich dem Einstechen der Nadel in die Akupunkturpunkte und dem Erwärmen (Moxibustion) der Punkte. Akupunktur in der Ming-Dynastie (1368–1644). Bibliothèque Nationale, Paris. In der Akupunktur wird die Existenz von 361 Akupunkturpunkten angenommen, die auf den Meridianen angeordnet sind. Demnach gibt es zwölf Hauptmeridiane, die jeweils spiegelverkehrt auf beiden Körperseiten paarig angelegt sind, acht Extrameridiane und eine Reihe von so genannten Extrapunkten. Nach Meinung der Anhänger der Traditionellen Chinesischen Medizin wird durch das Einstechen der Nadeln der Fluss des Qi beeinflusst. Die Akupunktur gehört zu den Umsteuerungs- und Regulationstherapien. Noch älter als die Akupunktur ist die Akupressur. Hier werden die Punkte mit Hilfe der Fingerkuppen massiert. Das Konzept der Ohrakupunktur (auch Auriculotherapie genannt) wurde vom französischen Arzt Paul Nogier entwickelt. 1954 berichtete er erstmals in der Deutschen Zeitschrift für Akupunktur über seine Erfahrungen und 1961 stellte er seine Diagnose- und Therapieform auf einem Akupunkturkongress in Deutschland vor. Die Behandlung über das Ohr ist zwar auch aus der chinesischen Akupunktur bekannt, es werden dort jedoch nur wenige Punkte – und diese auch nur selten – verwendet. Daneben besteht noch das Konzept der koreanischen

Handakupunktur, bei der die Meridiane fast komplett auf den Händen abgebildet sind, sowie das der Schädelakupunktur mit Abbildung der Meridiane auf den Schädel. Ähnliche Vorstellungen stecken auch hinter der Fußakupunktur.

Heutzutage wird immer öfter von der Krankenversicherung die Akupunktur zur Schmerztherapie angeboten. Auch bei Krankenhausaufenthalten kann eine Therapie in Anspruch genommen werden. Die Therapie kann mit Nadeln aber auch sanfter mit Pflaster selbst während der Chemotherapie durchgeführt werden.

5.7.2 Apitherapie

Die Heilwirkung von Honig, Propolis, Blütenpollen, Gelee Royale und Bienengift: Propolis hat starke antibakteriellen, pilzhemmende und antiallergischen Eigenschaften und unterstützt dadurch jeden Heilungsprozess.

Das Heilen mit Bienenprodukten ist eine der ältesten Therapieverfahren. Die Heilwirkung von Honig, Propolis, Blütenpollen, Gelee Royale und Bienengift sind lange bekannt. Propolis hat starke antibakteriellen, pilzhemmende und antiallergischen Eigenschaften und unterstützt dadurch jeden Heilungsprozess. Blütenpollen ist aufgrund seines Reichtums an essenziellen Aminosäuren, sekundären Pflanzenstoffen (u. a. Flavonoide), organisch gebundenen Mineralstoffen und Vitaminen ein wichtiges Mittel zur Stärkung der Abwehrkräfte. Das Wachstum von Krebszellen (Neuroblastom) könnte gehemmt werden. Der Wirkstoff Artepillin C soll die Bildung neuer Blutgefäße im Tumor hemmen, was zum Aushungern und damit zur Schrumpfung führen kann. Heute weiß man, dass die Entstehung bestimmter Krebsarten im Zusammenhang mit Viren steht. In dem Propolis seine antivirale Wirkung entfaltet, kann eine krebsvorbeugende und krebshemmende Wirkung entstehen.

5.7.3 Ayur Veda

Ayurveda ist eine Kombination aus empirischer Naturlehre und Philosophie, welche die Ausgewogenheit des Körpers anstrebt.

Ayurveda hat einen ganzheitlichen Anspruch, da der ganze Mensch mit einbezogen wird. Es werden pflanzliche Heilmittel verabreicht, welche eingenommen oder aufgetragen werden. Dadurch werden Organe gestärkt oder eine Entgiftung/Entschlackung angeregt.

Speziell bei Krebs wird das Ungleichgewicht verschiedener Elemente beschrieben und behandelt. Die Methoden der Schulmedizin mit Chirurgie, Strahlentherapien und andere Behandlungsmethoden ähneln denen der Ayurveda in vielen Punkten.

5.7.4 Enzympräparate

Enzyme sind Proteinketten, die biochemische Reaktionen auslösen. Sie könnten Umweltgifte neutralisieren und freien Radikalen, Bakterien, Viren und Pilzen entgegenwirken.

Die Dosierung für eine Therapie und eine Kombination von Präparaten legt der Arzt für jeden Patienten individuell fest.

Bei einer Erkrankung der Bauchspeicheldrüse verschreibt der Arzt Enzympräparate. Hierfür verwendet man Enzyme, die aus der Bauchspeicheldrüse des Hausschweins stammen.

Durch Zufuhr von Enzymkombination geht man davon aus, dass das Immunsystem positiv beeinflusst oder die Entzündungsheilung gegebenenfalls beschleunigt wird.

Die Einnahme von Enzympräparaten löst manchmal allergische Reaktionen aus. In einigen Fällen tritt eine Verdauungsstörung in Form von Blähungen, Übelkeit, Bauchschmerzen, Erbrechen und Durchfall auf.

Keine Enzymtherapie während der Schwangerschaft.

5.7.5 Hyperthermie

Künstlich erzeugte Temperaturerhöhung in Organen.

Die künstlich erzeugte Temperaturerhöhung (Therapeutische Hyperthermie oder Onkothermie) wird zur Behandlung einiger Krebserkrankungen angewendet. Dabei werden entweder der gesamte Körper oder einzelne Bereiche des Körpers durch Wärmestrahlung erwärmt (Mikro- oder Radiowellen, bzw. durch Infrarotstrahler). Sie wird meistens mit Strahlen- oder Chemotherapie kombiniert. In der Behandlung von Krebserkrankungen wird sie vor allem dann eingesetzt, wenn andere Verfahren (Operation, Strahlentherapie, Chemotherapie) keinen ausreichenden Erfolg mehr versprechen, das heißt, wenn die Patienten austherapiert sind. Interesse ist dabei allgemeine Leistungssteigerung und die Steigerung der Immunabwehr welches als Ergänzung von Krebstherapien hilfreich ist. Computergesteuert werden Radiowellen in Tumorbereiche gebündelt, und es erfolgt eine Erwärmung auf 42 bis maximal 44 °C. Die Temperatur wird für ca. 60 bis 90 Minuten aufrechterhalten. Es wurde festgestellt, dass die Zytostatika bei einer Chemotherapie bei Temperaturen über 40 °C deutlich aggressiver wirken als bei normaler Körpertemperatur. Durch Überhitzung geschädigte Tumorzellen können leichter durch eine Strahlentherapie bekämpft werden, weil ihre Reparaturfähigkeiten herabgesetzt sind.

Untersuchungen haben weiterhin ergeben, dass Krebszellen bei einer Erwärmung auf ca. 42 °C im Gegensatz zu gesundem Gewebe besonders geartete Eiweißstrukturen auf ihrer Oberfläche bilden. Diese Eiweißstrukturen (Hitzeschockproteine), werden meistens vom

Abwehrsystem als körperfremd erkannt, so dass die Krebszellen vom Abwehrsystem des Körpers zerstört werden können. Bei Temperaturen bis 46 °C innerhalb des Tumors kann die Wirkung einer gleichzeitig angewandten Strahlen- oder Chemotherapie verstärkt werden. Die Wärme beeinträchtigt aber auch Proteine, die dafür verantwortlich sind, dass chemoresistente Tumorzellen die für Diese schädlichen Zytostatika aus den Zellen wieder herausschleusen können. Fallen diese Ausschleusesysteme durch Wärmeeinwirkung aus, sterben selbst chemoresistente Tumorzellen, weil die Wirkstoffe weiterhin in den Zellen verbleiben.

5.7.6 Lymphdrainage

Die Manuelle Lymphdrainage ist eine Therapieform der physikalischen Anwendungen.
Die Manuelle Lymphdrainage ist eine Therapieform der physikalischen Anwendungen. Die Therapeuten sind vornehmlich Masseure, Krankengymnasten und Physiotherapeuten. Die Anwendung ist nur dem Fachpersonal mit der entsprechenden Zusatzausbildung in manueller Lymphdrainage an einem zugelassenen Lehrinstitut erlaubt. Die Wirkungsweise der manuellen Lymphdrainage ist breit gefächert. So dient sie hauptsächlich als Ödem- und Entstauungs-Therapie geschwollener Körperregionen, wie Körperstamm und Extremitäten (Arme und Beine). Durch kreisförmige Verschiebetechniken, welche mit leichtem Druck angewandt werden, wird die Flüssigkeit aus dem Gewebe in das Lymphgefäßsystem verschoben. Die Manuelle Lymphdrainage wirkt sich überwiegend auf den Haut- und Unterhautbereich aus und soll keine Mehrdurchblutung, wie in der klassischen Massage, bewirken.
Auch in der Schmerzbekämpfung, wie auch vor und nach Operationen tut sie gute Dienste, das geschwollene, mit Zellflüssigkeit überladene Gewebe zu entstauen. Der Patient spürt eine deutliche Erleichterung, Schmerzmittelgaben können verringert werden, der Heilungsprozess verläuft schneller. Kontraindikationen (Gegenanzeigen) sind hierbei genauestens zu beachten.
Bei manchen Krebsarten wird von einer Lymphdrainage unmittelbar nach Operationen abgeraten, da unter Umständen Krebszellen so weiter verbreitet werden und Metastasen bilden könnten.

5.7.7 Misteltherapie

Die Misteltherapie ist die am besten dokumentierte komplementäre Begleitung zur klassischen onkologischen Krebstherapie
Die Misteltherapie ist die am besten dokumentierte komplementäre Begleitung zur klassischen onkologischen Krebstherapie Sie besteht aus

einem wässrigen Extrakt der Mistel. Dieser Extrakt wird mit einer Spritze unter die Haut gespritzt. Immer mehr Ärzte und Patienten vertrauen auf ihre verlässliche und sichere Wirkung und die ausgezeichnete Verträglichkeit. Die Wirkung der Misteltherapie ist eine bessere Verträglichkeit der Chemotherapie. Die Verbesserung des Allgemeinzustandes (Verringerung der Pflegebedürftigkeit und Besserung der körperlichen und mentalen Befindlichkeit) sowie eine Verbesserung von Schlaf und Appetit. Auch eine Reduktion von Schmerz ist feststellbar. Die Misteltherapie wird von Ihrem Arzt verordnet (Rezept). Mit diesem Rezept holen Sie sich dann in der Apotheke das Arzneimittel. Im Vergleich zum praktischen Nutzen sind die Kosten der Therapie sehr gering; egal ob sie von der Krankenkasse bezahlt wird, oder nicht (die Genehmigung variiert).

5.7.8 Selbsthilfegruppen

Die meisten Mitglieder von Selbsthilfegruppen haben die Erfahrung gemacht, die Belastungen der Erkrankung besser zu bewältigen. Die meisten Mitglieder von Selbsthilfegruppen haben die Erfahrung gemacht, die Belastungen der Erkrankung besser zu bewältigen. Durch den Erfahrungsaustausch werden die für den jeweiligen Krankheitsverlauf besten Möglichkeiten der Mithilfe bei der Therapie erkannt. Durch die Eingliederung in eine Gemeinschaft wird auch der Zustand der Einsamkeit in seiner Situation bewältigt. Speziell bei der Lösungsfindung zu einzelnen Situationen können selbst Betroffene viel glaubwürdiger ihr Fachwissen vermitteln als Personen, welche die Methoden lediglich theoretisch gelernt haben. Die Mitglieder können außerdem meistens besser mit Ärzten und Therapeuten sprechen, weil die Themen bereits in den Gruppen besprochen wurden. Außerdem gelingt den Selbsthilfegruppen oft kritische und innovative Impulse auszudrücken, welche zur Veränderung und zum Umdenken im professionellen Bereich beitragen. In Selbsthilfegruppen wird Fachwissen zusammengetragen und durch Erfahrungen der einzelne Betroffenen ergänzt. So entsteht ein ganzheitliches Wissen, das die Mitglieder befähigt, Entscheidungen fundiert zu treffen und in unüberschaubaren System der Therapieangebote professionelle Dienste sinnvoll zu nutzen. Patienten, die in der Selbsthilfe engagiert sind, haben oft kürzere Klinikaufenthalte, weniger Therapiestunden und einen geringeren Medikamentenverbrauch.

5.8 Speisezugabe

5.8.1 Stevia (Süßkraut)

Süßstoff für Diabetiker oder für Gewichtsreduktion. Blutdrucksenkende, antimikrobielle, gefäßerweiternde Wirkung.
Achtung - mit Ihrem Arzt oder Therapeuten absprechen.
Als Süßstoff, getrocknet oder frisch
In einigen Studien wurden fruchtschädigende und mutagene Wirkungen in Hamstern und Ratten beschrieben, außerdem eine Mutagenität in vitro. In der EU als Lebensmittel nicht zugelassen. Stevia-Anhänger wittern dahinter eine Verschwörung der Zuckerlobby und Voreingenommenheit der EU-Kommission. Schließlich wird Steviosid in Asien seit Jahrzehnten als Süßstoff verwendet – bisher ohne negative Folgen.
Die der WHO vorliegenden Studien bezüglich der Auswirkungen von Steviol in vivo haben keine Hinweise auf mutagene Wirkungen am Menschen ergeben. Nur auf eigene Gefahr.

5.9 Verschiedene Möglichkeiten

5.9.1 Mandelpilz

Der Madelpilz hat eine enorm modulierende Wirkung auf das Immunsystem. Das heißt, er ist in der
Lage das Immunsystem entweder zu aktivieren oder zu regulieren.
Der Mandelpilz ist sowohl zur Vorbeugung gegen Infekte als auch zu deren Behandlung wirkstark. Ein weiteres Einsatzgebiet kann die unterstützende Behandlung von Allergien und
autoaggressiven Erkrankungen sein. Inhaltsstoffe: Polysaccharide, ß-D-Glucanen, Ergosterin und Ergo Sterol, Aminosäuren, Mineralstoffe und Vitamine.

5.9.2 Reishi

Regeneriert die Leber, wirkt entgiftend und entzündungshemmend. Gut gegen chronischer Hepatitis, Schwellungen, Rötungen und Juckreiz. Reguliert das Immunsystem, weckt und unterstützt die Selbstheilungskräfte. Verbessert die Sauerstoffsättigung des Blutes. Als Zugabe zu Tee, Kakao oder Kaffee. Als Kapseln, Extrakt, Pulver oder ganzer Pilz.
Reishi ist reich an Mineralstoffen und Spurenelementen Magnesium, Kalium, Calcium, Eisen, Zink, Kupfer, Mangan und organisch gebundenes Germanium, welches in der Tumortherapie und für die Interferonproduktion eine große Rolle spielt. Wertvollen Polysaccharide, Glykoproteine, Proteoglykane, Triterpene, Sterole, Alkaloide und eine

Vielzahl weiterer hochaktiver Wirksubstanzen.

5.9.3 Schöllkraut

Lindert Verspannungen, Verdauungsstörungen, depressive
Verstimmungen, Schmerzen, Entzündungen.
Wirkstoffe: Alkaloide (ähnlich dem Opium), Saponine, Flavonoide, Äth.
Öl, Carotinoide, Fermente
Enthält Alkaloide, daher ist sie eine Giftpflanz; nur mit Absprache des
Arztes einnehmen. Tumore hemmend. Nicht bei Kindern unter 12 Jahren
und bei Schwangeren anwenden (Alkaloid haltig, gehört zu den
Mohngewächsen).

5.9.4 Tintenpilz, Schopftintling, Spargelpilz

Entzündungshemmend, senkt Blutzucker, regt Peristaltik an.
Der Spargelpilz enthält viel Vitamin C und B3, Riboflavin und Thiamin.
Der getrocknete Pilzes besteht zu 22-38% aus Eiweiß, darin enthalten 20
freie Aminosäuren. Hoher Mineral- und Spurenelementgehalt. Stark
antioxidativ und entzündungswidrig wirkend. Senkt den Blutzucker. Das
beruht zum Großteil auf den hohen Gehalt organisch gebundenem
Vanadium. Hoher Gehalt an Lektine regt die Peristaltik an.
Sie können empfindlich mit Durchfällen reagieren, probieren Sie zuerst
keine Portionen aus.

6 Grundlagen der Ernährung

Die hier beschriebenen Grundlagen der Ernährung zeigen allgemeine Empfehlungen und beziehen sich nicht auf eine spezielle Therapieform. Die Empfehlungen der Therapie haben Vorrang.

6.1 Ernährung

Die regelmäßige Einnahme von Mahlzeiten in entspannter Atmosphäre. Ein wärmendes Frühstück gilt als guter Start in den Tag. Mittags sollte die Hauptmahlzeit stattfinden - das Abendessen am frühen Abend.

Die Beachtung von Hunger- und Sättigungsgefühlen: Nicht überessen und nicht hungern, so lautet die Regel.

Die frische Zubereitung der Speisen aus naturbelassenen, regionalen Produkten. Tiefgekühlte, hitzekonservierte, industriell vorgefertigte oder mikrowellengegarte Lebensmittel werden gemieden.

Die Auswahl von Lebensmittel nach der Jahreszeit: Im Sommer mehr kühlende Nahrung, im Winter mehr wärmende Nahrung.

Mindestens zweimal am Tag Gekochtes essen. Speisen und Getränke sollen möglichst handwarm, niemals eiskalt oder heiß sein.

Rohkost, kurz gegartes Gemüse, frisch gepresste Säfte und Mineralwasser werden üblicherweise nicht empfohlen. Milch und Milchprodukte stehen nur dann auf dem Speiseplan, wenn sie problemlos vertragen werden.

Therapeutische Rezepte nicht über einen längeren Zeitraum ohne Rücksprache mit dem Arzt oder Therapeuten einnehmen.

1. Vielseitig essen

Lebensmittelvielfalt genießen. Merkmale einer ausgewogenen Ernährung sind abwechslungsreiche Auswahl, geeignete Kombination und angemessene Menge nährstoffreicher und energiearmer Lebensmittel. (Einerseits Schutz vor Unterversorgung mit essenziellen Nährstoffen und andererseits Schutz vor einer überhöhten Zufuhr unerwünschter Inhaltsstoffe.)

2. Reichlich Getreideprodukte - und Kartoffeln

Brot, Nudeln, Reis, Getreideflocken (am besten aus Vollkorn), sowie

Kartoffeln enthalten kaum Fett, aber reichlich Vitamine, Mineralstoffe, Spurenelemente sowie Ballaststoffe und sekundäre Pflanzenstoffe. Diese Lebensmittel sollten mit möglichst fettarmen Zutaten verzehrt werden.

3. Gemüse und Obst - Nimm "5" am Tag ...

5 Portionen Gemüse und Obst am Tag, möglichst frisch, nur kurz gegart, oder auch eine Portion als Saft – idealerweise zu jeder Hauptmahlzeit und auch als Zwischenmahlzeit: Damit werden reichlich Vitamine, Mineralstoffe sowie Ballaststoffe und sekundären Pflanzenstoffe (z.B. Carotinoiden, Flavonoiden) zugeführt. Das Beste, was man für die eigene Gesundheit tun kann.

4. Täglich Milch und Milchprodukte, ein- bis zweimal in der Woche

Fisch; Fleisch, Wurstwaren sowie Eier in Maßen. Diese Lebensmittel enthalten wertvolle Nährstoffe, wie z.B. Calcium in Milch, Jod, Selen und Omega-3-Fettsäuren in Seefisch. Fleisch ist wegen des hohen Beitrags an verfügbarem Eisen und an den Vitaminen B1, B6 und B12 vorteilhaft. Mengen von 300 - 600 g Fleisch und Wurst pro Woche reichen hierfür aus. Fettarme Produkte bevorzugen, vor allem bei Fleischerzeugnissen und Milchprodukten.

5. Wenig Fett und fettreiche Lebensmittel

Fett liefert lebensnotwendige (essenzielle) Fettsäuren und fetthaltige Lebensmittel enthalten auch fettlösliche Vitamine. Fett ist besonders energiereich, daher kann zu viel Nahrungsfett Übergewicht fördern, möglicherweise auch Krebs. Zu viele gesättigte Fettsäuren fördern langfristig die Entstehung von Herz-Kreislauf-Krankheiten. Pflanzliche Öle und Fette bevorzugen (z.B. Raps-, Oliven- und Sojaöl und daraus hergestellte Streichfette). Auf unsichtbares Fett achten, das in Fleischerzeugnissen, Milchprodukten, Gebäck und Süßwaren sowie in Fast-Food- und Fertigprodukten meist enthalten ist. Insgesamt 70 - 90 Gramm Fett pro Tag reichen aus.

6. Zucker und Salz in Maßen

Nur gelegentlich Zucker und Lebensmittel, bzw. Getränke verzehren, die mit verschiedenen Zuckerarten (z.B. Glucose Sirup) hergestellt wurden. Kreativ mit Kräutern und Gewürzen und wenig Salz würzen. Jodiertes Speisesalz bevorzugen.

7. Reichlich Flüssigkeit

Wasser ist absolut lebensnotwendig. Jeden Tag rund 1-2 Liter Flüssigkeit trinken. Wasser (ohne oder mit Kohlensäure) und andere kalorienarme Getränke bevorzugen. Alkoholische Getränke sollten nicht konsumiert werden.

8. Schmackhaft und schonend zubereiten
Die jeweiligen Speisen bei möglichst niedrigen Temperaturen garen, soweit es geht kurz, mit wenig Wasser und wenig Fett - das erhält den natürlichen Geschmack, schont die Nährstoffe und verhindert die Bildung schädlicher Verbindungen.

9. Sich Zeit nehmen und das Essen genießen
Bewusstes Essen hilft, richtig zu essen. Auch das Auge isst mit. Sich beim Essen Zeit lassen. Das macht Spaß, regt an, vielseitig zuzugreifen und fördert das Sättigungsempfinden.

10. Auf das Gewicht achten und in Bewegung
Ausgewogene Ernährung, viel körperliche Bewegung und Sport (30 bis 60 Minuten pro Tag) gehören zusammen. Mit dem richtigen Körpergewicht fühlt man sich wohl und fördert die Gesundheit.

Thermik, Wirkrichtung, Verdauungskraft
Es gibt unterschiedliche Kriterien, die Wirksamkeit von Kräutern und Lebensmittel zu beurteilen. Der Einsatz der Kräuter und Zutaten basiert auf Beobachtung, was die Lebensmittel, Kräuter und Gewürze nach ihrem Verzehr im Körper bewirken. In der Medizin hat sich daraus folgendes System entwickelt: Jede Zutat oder Kraut hat eine Wirkrichtung. Außerdem gibt es noch Kräuter, die eine besondere Wirkung auf bestimmte Organe haben.

Voraussetzung für einen gesunden Stoffwechsel ist es, darauf zu achten, dass wir ausreichend Energie aus der Nahrung gewinnen und der Verdauungsprozess so wenig Energie wie möglich verbraucht. Eine bekömmliche Mahlzeit macht zufrieden und satt, verursacht keine Blähungen und keine Müdigkeit nach dem Essen. Richtiges Würzen erhöht die Bekömmlichkeit unserer Speisen. Es genügen oft schon geringe Mengen an Kräutern und Gewürzen. Sie dienen nicht dazu, uns satt zu machen, sondern helfen unseren Verdauungsorganen, die Nahrung zu verdauen.

6.2   Rezepte

Die Rezepte zeigen Ihnen welche Zutaten verwendet werden sowie mit der Kochanleitung wie diese zubereitet werden. Bei den Zutaten wird neben den Mengenangaben auch die Wichtigkeit für die Therapie angezeigt. Wenn dabei angezeigt wird "weniger als angegeben" versuchen Sie diese Empfehlung einzuhalten oder eine Alternative aus der Liste der "Empfohlenen Lebensmittel" zu finden. Meistens ist es nur eine leichte geschmackliche Änderung, wenn Sie diese Zutat gänzlich weglassen.

Schonende Kochmethoden: Kochen, dämpfen, pochieren, dünsten
Scharfe Kochmethoden: Grillen, rösten, anbraten, räuchern
Ausgeglichene Kochmethoden: Frittieren, Römertopf

Auf das Einfrieren und Erwärmen in der Mikrowelle sollte verzichtet werden (Denaturierung).

6.3 Lebensmittel

Lebensmittel wirken wie Heilkräuter auf Körper und Geist, nur wesentlich sanfter. Die Ernährungsberatung stützt sich hauptsächlich auf heimische Lebensmittel. Das Wissen über die Wirkungsweisen jedes einzelnen Lebensmittels und das Wissen, wann welche Lebensmittel zur Anwendung kommen, entstammt der Schulmedizin. Verwende Sie möglichst Erzeugnisse aus ökologischen-biologischem Landbau.

Da wegen der besseren Verdaulichkeit grundsätzlich alles lange gekocht und kaum roh gegessen wird, ist die Verträglichkeit hervorragend.

Die Einteilung der Lebensmittel entsprechend ihrer Wirkung auf den Körper und bildet die Basis, um einen ausgewogenen und harmonischen Gesundheitszustand im Körper zu erreichen.

Grundsätzlich empfiehlt die Ernährungsberatung keine bestimmten Lebensmittel für Jedermann. Ausschlaggebend für den individuellen Speiseplan ist vor allem die persönliche Konstitution.

Kaufen Sie nur frisches und reifes Obst und Gemüse ein. Braune Stellen, welke Blätter aber auch unreifes Obst und Gemüse sollten Sie im Supermarkt zurücklassen. Greifen Sie dann zu Tiefkühlware (keine Fertiggerichte!). Tiefkühlobst und -gemüse werden kurz nach dem Ernten schockgefroren und enthalten deshalb oftmals mehr Vitamine und Mineralstoffe als die Ware aus der Obst- und Gemüsetheke! Konserven- und Dosenware dagegen enthält wesentlich weniger Biostoffe. Zudem werden Letztere meist mit Salz, Zucker usw. angereichert. Lassen Sie die Zutaten nach dem Waschen nie im Wasser liegen, denn so gehen viele Vitalstoffe ins Wasser über! Putzen Sie Salate, Früchte und Gemüse erst unmittelbar vor Verzehr.

Beachten Sie bitte die hygienische Verarbeitung der Lebensmittel. Waschen Sie Ihre Salate, Früchte und Gemüse gründlich. Bei Gerichten mit Fleisch bereiten Sie zuerst die Zutaten vor und verarbeiten dann die

Fleischprodukte. Reinigen Sie danach die Arbeitsflächen und Werkzeuge besonders gründlich. Holzunterlagen sollten regelmäßig mit leichtem Desinfektionsmittel behandelt werden, um die Keimbildung einzuschränken.

Bewahren Sie Obst und Gemüse möglichst getrennt voneinander auf. Auch geerntete Früchte und Gemüse leben und strömen z.B. Ethylengas aus, das andere Sorten schneller reifen und altern lässt. Fleisch und Fisch in der verschlossenen Verpackung lassen oder in luftdichten Boxen im Kühlschrank aufbewahren.

6.4   Kräuter

Bei der Aufbewahrung und Lagerung von Heilkräutern, müssen gewisse Grundregeln beachtet werden. Grundsätzlich müssen Heilkräuter geschützt vor direkter Sonneneinstrahlung, vor Feuchtigkeit und vor heißen Temperaturen gelagert werden.

Als Gefäße für die Lagerung von Heilkräutern können Gläser, Keramik-Behälter und zur Not auch Plastik-Dosen eingesetzt werden. Plastik ist aber ein sehr unreines Material und sollte daher wirklich nur eine kurzfristige Notlösung sein. Bei Glasbehältern ist darauf zu achten, dass dunkles Glas verwendet wird.

Heilkräuter können nicht beliebig lange aufbewahrt werden. Die Haltbarkeit von Heilkräutern ist auf jeden Fall begrenzt. Durch die Haltbarkeitsdauer kann durch sachgerechte Lagerung wesentlich erhöht werden. So soll der Lagerplatz dunkel, eher kühl und absolut trocken sein. Ein Medizinschrank aus Holz, der nicht direkt bei einer Wärmequelle platziert ist wäre ideal. Um Ihre Heilkräuter nicht wegwerfen zu müssen, kaufen Sie nicht zu große Mengen an Heilpflanzen. Beschriften Sie die Behälter mit dem Namen des Heilkrauts und dem Datum der Ernte bzw. der Verarbeitung.

7 Weitere Ernährungsvorschläge

Folgende Syndrome der Diätetik, der TCM oder als Therapieergänzung bei Krebs sind verfügbar.

DIÄTETIK

1. Ernährung des Säuglings - Beikost
2. Ernährung in der Stillzeit
3. Ernährung im Alter
4. Ernährung von Kindern und Jugendlichen
5. Ernährung von Sportlern
6. Leichte Vollkost
7. Schwangerschaft
8. Vollkost

Eiweiß und Elektrolyt – Nieren
9. (Hämo-)Dialysebehandlung
10. Akutes Nierenversagen
11. Chronische Niereninsuffizienz
12. Nephrotisches Syndrom
13. Nierensteine (Nephrolithiasis)

Gastrointestinaltrakt - Bauchspeicheldrüse
14. Akute Pankreatitis (Entzündung der Bauchspeicheldrüse)
15. Chronische Pankreatitis (Entzündung der Bauchspeicheldrüse)

Gastrointestinaltrakt - Dünndarm und Dickdarm
16. Akute Obstipation (Verstopfung)
17. Chronische Obstipation (Verstopfung)
18. Colon irritabile
19. Divertikulitis
20. Erworbene Laktoseintoleranz (Laktosemalabsorption)
21. Fruktosemalabsorption
22. Glutensensitive Enteropathie (Zöliakie)
23. Kolektomie
24. Kurzdarmsyndrom

Gastrointestinaltrakt - Leber, Gallenblase, Gallenwege
25. Akute und chronische Hepatitis (Entzündung der Leber)
26. Cholelithiasis (Gallensteine)
27. Fettleber
28. Leberzirrhose

Gastrointestinaltrakt - Magen und Zwölffingerdarm
29. Akute Gastritis
30. Chronische Gastritis
31. Magenblutung
32. Ulcus ventriculi und Ulcus duodeni
33. Zustand nach Magenoperation

Gastrointestinaltrakt - Mundhöhle und Speiseröhre
34. Mundschleimhautentzündung
35. Ösophaguskarzinom (Speiseröhrenkrebs)
36. Reflüxösophagitis (Sodbrennen)

spezielle Krankheiten
37. Phenylketonurie (PKU)
38. Rheumatische Gelenkserkrankungen

Stoffwechsel
39. Adipositas (Übergewicht)
40. Diabetes mellitus
41. Essstörungen (Untergewicht)
Fettstoffwechsel
42. Hypercholesterinämie (erhöhter Cholesterinspiegel)
43. Hepatische Enzephalopathie
Herz- und Kreislauf
44. Arteriosklerose (Arterienverkalkung)
45. Herzinsuffizienz
46. Hypertonie (Bluthochdruck)
47. Hyperurikämie und Gicht
veränderter Nährstoffbedarf
48. bei Fieber
49. bei malignen Erkrankungen
50. nach Verbrennungen
51. Strahlen- und Chemotherapie

KREBS
100. Bauchspeicheldrüse
101. Blasenkrebs
102. Blutkrebs (Leukämie)
103. Brustkrebs
104. Darmkrebs
105. Magenkrebs
106. Nierenkrebs
107. Speiseröhrenkrebs

TCM
200. Blase - Feuchte Hitze in der Blase
201. Blase - Feuchtigkeit und Kälte in der Blase
202. Blase - Leere und Kälte in der Blase
203. Dickdarm - äußere Kälte befällt den Dickdarm
204. Dickdarm - Feuchte Hitze im Dickdarm
205. Dickdarm - Hitze blockiert den Dickdarm II akut
206. Dickdarm - Trockenheit des Dickdarms
207. Dickdarm - Yang Mangel (Kälte)
208. Herz - Blut Mangel
209. Herz - Blut Stagnation
210. Herz - Feuer
211. Herz - Heißer Schleim verstopft die Herzporen
212. Herz - Kalter Schleim verstopft die Herzporen
213. Herz - Qi Mangel
214. Herz - Yang Mangel
215. Herz - Yin Mangel
216. Leber - aufsteigender Leber-Yang
217. Leber - Blut-Mangel
218. Leber - Blut-Stagnation
219. Leber - feuchte Hitze in Leber und Gallenblase
220. Leber - Feuer
221. Leber - Gallenblase Qi-Leere
222. Leber - Kälte im Lebermeridian
223. Leber - Qi-Stagnation